WILLIGIS JÄGER

KONTEMPLATION
GOTT BEGEGNEN – HEUTE

WILLIGIS JÄGER

# Kontemplation
# Gott begegnen – heute

DER WEG IN DIE ERFAHRUNG
NACH MEISTER ECKEHART UND DER
„WOLKE DES NICHTWISSENS"

3. neubearbeitete und erweiterte Auflage

OTTO MÜLLER VERLAG SALZBURG

Die Deutsche Bibliothek – CIP-Einheitsaufnahme

**Jäger, Willigis:**
Kontemplation : Gott begegnen - heute ; der Weg in die Erfahrung nach
Meister Eckehart und der „Wolke des Nichtwissens" / Willigis Jäger. - 3.,
neubearb. und erw. Aufl. - Salzburg ; Wien : Müller, 2001
ISBN 3-7013-1034-3

ISBN 3-7013-1034-3
© 2001 OTTO MÜLLER VERLAG, SALZBURG-WIEN
Alle Rechte vorbehalten
Satz: Fotosatz Rizner, Salzburg
Umschlaggestaltung: Leo Fellinger
Druck: Druckerei Roser, Salzburg-Mayrwies

# INHALT

Das Auge, in dem ich Gott sehe,
das ist dasselbe Auge,
darin Gott mich sieht;
mein Auge und Gottes Auge,
das ist ein Auge und ein Erkennen.

*Meister Eckehart*

# VORWORT

Dieses Buch soll auf den großen Schatz der christlichen Mystik hinweisen und Wege zur Einübung aufzeigen. Die Sehnsucht nach Erfahrung des zu Glaubenden wird auch unter Christen immer stärker. Viele Suchende wenden sich östlichen Praktiken zu, weil der Schatz der christlichen Mystik in Vergessenheit geraten ist. Verstandesmäßiges Aufnehmen allein tut es nicht. Dieses Buch will in die Praxis einführen.

Die dritte Auflage wurde nur unwesentlich verändert. Es wurden einige mystische Zeugnisse hinzugefügt.

Würzburg, im Oktober 2000          Der Verfasser

# WAS IST KONTEMPLATION?

Das Wort „Kontemplation" wird in der christlichen Literatur nicht einheitlich verwendet. Es kann das Gleiche bezeichnen wie Meditation oder Betrachtung und meint dann ein Meditieren über etwas. In den folgenden Ausführungen wird das Wort „Kontemplation" nur verwendet, um eine christliche ungegenständliche Form des Betens zu bezeichnen. Das Wort meint also niemals ein Meditieren über einen Inhalt. Es bezeichnet vielmehr einen Zustand des Erfahrens jenseits der aktiven Kräfte unseres Tagesbewusstseins.

„Kontemplation" kommt aus dem Lateinischen. „Contemplari" heißt „schauen". Diese Grundbedeutung des Wortes wird in den folgenden Ausführungen verwendet. Ziel ist das Schauen ins eigene Selbst, Schauen des Göttlichen in uns und in der Schöpfung in der Form des Innewerdens oder Erfahrens jenseits unserer intellektuellen Fähigkeiten. Kontemplation ist auf ihrem Höhepunkt mehr ein Zustand des Empfangens als des aktiven Tuns. Dieser Zustand kann im Grunde nicht gelehrt, sondern nur erweckt werden. Darum brauchen Kontemplation-Übende, zumindest am Anfang, einen spirituell erfahrenen Menschen, der sie führt, und von dem der Funke überspringen kann, um im Schüler, in der Schülerin den gleichen Brand zu entfachen. Die Anlage dazu ist allen Menschen angeboren. Kontemplation wird der Darstellung wegen in vier Phasen eingeteilt, die sich in der Praxis überschneiden:

1. Gebetsübung als Weg in die Kontemplation
2. Wahrnehmung des eigenen Seins – Gebet der Ruhe
3. Erleuchtungserfahrung
4. Personalisierung der Erleuchtungserfahrung

Die ersten zwei Phasen lassen sich von jedem körperlich und psychisch gesunden Menschen übend erreichen. Sie führen an ihrem Zielpunkt zu einem Zustand großer Ruhe und tiefen Friedens. Im religiösen Bereich nennt man ihn „Gebet der Ruhe", das als schlichtes Sein in der Gegenwart Gottes erfahren wird. Es ist ein Zustand der Kontemplation. Der Mensch schaut in sein eigenes Sein. Er erfährt so Gott näher und tiefer als beim mündlichen und betrachtenden Gebet. Das „Gebet der Ruhe" hat gewöhnlich auch einen starken umstrukturierenden Effekt auf die Persönlichkeit. Doch handelt es sich hier noch nicht um einen mystischen Zustand im eigentlichen Sinn. Dieser tritt erst in den Phasen drei und vier ein. Der mystische Zustand widerfährt dem Menschen: er kann nicht willentlich herbeigeführt, sondern nur durch Gebetsübung vorbereitet werden. Wer in diesen Raum eintreten darf, der erfährt noch einmal neu, was es heißt, Gott aus allen Kräften zu lieben. Gott selbst macht einem solchen Menschen eine neue Kraft zugänglich, aus der heraus er Gott lieben kann. Wie bereits erwähnt, kommen die vier Schritte in der Praxis nicht isoliert vor. Sie überschneiden sich auch mit dem vorkontemplativen Gebetsleben der Christen. Daher machen diese Ausführungen auch nichts von dem überflüssig, was über das christliche Gebet und über Betrachtung geschrieben und gesagt worden ist. Normalerweise baut Kontemplation darauf auf. Es gibt jedoch auch Menschen, die ohne jede Vorbereitung in das kontemplative Gebet hineingezogen werden, und andere, die als Agnostiker diesen Weg beginnen und im Laufe der Zeit tiefste Erleuchtungserfahrungen machen. Gott sind keine Grenzen gesetzt.

Es sei darauf hingewiesen, dass es im Folgenden nicht um ein theologisches Kompendium geht, sondern um Anleitung und Begleitung auf dem Weg des kontemplativen Gebetes. Elemente, die sich in den Schriften verschiedener Mystiker und Mystikerinnen finden, werden aufgrund eigener Erfahrung zu Stationen eines Weges zusammengefügt. Dieser Weg ist auch gangbar für Menschen, die ihre Bindung an eine bestimmte Religion gelöst haben. Gerade sie sollten versuchen, ihn zu gehen, weil er sie aus Schwierigkeiten mit Glaubenslehren und Institutionen herausführen kann. Auch diejenigen, die sich nicht mehr als Christen verstehen können, sollten sich von einem Versuch nicht abhalten lassen.

# 1. KAPITEL

# DER WEG ÜBER KÖRPER UND ATEM

## 1. DAS RICHTIGE ATMEN

### Atem und Denktätigkeit

Unser Bewusstsein ist wie das Meer, das nur an der Oberfläche von unruhigen Wellen bedeckt ist. Der größte Teil des Wassers ist ruhig und unbewegt. In der Gebetsübung geht es darum, diese Wellen des Bewusstseins zur Ruhe zu bringen, damit der Geist wie ein durchsichtiges, stehendes Wasser wird. Die Ruhe des Bewusstseins wird dann zum Tor zur Kontemplation. Da es nicht möglich ist, das Denken einfach auf Befehl hin einzustellen, bedient man sich des Atems, um die Grundvoraussetzung für die Kontemplation zu schaffen.

Aus diesem Grund sagt in der KLEINEN PHILOKALIE, einer Sammlung von Gebetsanweisungen östlicher Mönchsväter, Gregor der Sinait:

> „Wenn du dich also in deiner Zelle niederlässt, sammle deinen Geist, binde ihn an den Atem…
> Setze dich auf einen niederen Hocker, sammle deinen Geist, der normalerweise umherschweift, und führe ihn durch deinen Atem, den du mit dem Gebet: ‚Herr Jesus, Sohn Gottes, erbarme dich meiner‘ verbindest, in deine innere Mitte. Hesychius schon hat das gelehrt, indem er sagte: ‚Verbinde mit deinem Atem den Namen Jesus.‘…
> Ein Mensch, der das (kontemplative Gebet) lernen möchte, sollte wissen, dass wenn man den Geist daran gewöhnt hat, durch das Einatmen in die innere Mitte zu

kommen, man auch praktisch gelernt hat, ihn in dem Augenblick, in dem er sich anschickt in die innere Mitte zu gelangen, von jeglichem Gedanken befreit zu haben, so dass er einfach wird und bloß, frei von allen Erinnerungen außer jenem Ruf zu Jesus Christus … Trotz der Unbequemlichkeit bleibe beharrlich längere Zeit auf deinem Schemel sitzen, dann erst strecke dich auf deinem Lager aus, aber nur selten, so nebenbei, um dich zu entspannen. Du wirst geduldig sitzend ausharren. Aus Bequemlichkeit oder wegen des fühlbaren Schmerzes, darfst du nicht eilen, dich zu erheben."[1]

Aufsteigender Gedanken wegen darf man sich nicht beunruhigen. Vielmehr fange man einfach aufs Neue an, seine ungeteilte Aufmerksamkeit dem Ein- und Ausfließen des Atems zu schenken, bis man mit diesem Vorgang ganz eins geworden ist.

### Die Atembeobachtung bei den Mönchsvätern

Die spirituellen Meister des Ostens sind nicht die einzigen, die um das Geheimnis der Macht des Atems wissen. Auch die alten Mönchsväter der Thebais und Syriens sprechen in ihren Gebetsanweisungen auf verschiedene Weise davon, dass der Weg zum Gebet der Ruhe und der Gotteserfahrung mehr über die Beobachtung des Atems als über ein Training des Intellekts führt. Um Novizen zur Ruhe des Bewusstseins und zum Erwachen des Geistes zu führen, schreibt zum Beispiel Gregor von Thessalonich:

„… wenn wir wirklich innere Menschen und echte Mönche werden wollen, müssen wir notwendigerweise unseren Geist im Innern des Körpers gesammelt halten. Es ist also keineswegs falsch, die Novizen anzuhalten, auf sich selbst zu achten und ihren Geist zugleich mit dem Atem auf sich selbst zu richten.

Es ist doch eine Tatsache, dass bei denen, die zum ersten Male den geistlichen Kampfplatz betreten, der Geist nicht so sehr gesammelt als zerstreut ist und dass es einer gewaltigen Kraft bedarf, um seinen Widerstand zu brechen. Daher empfiehlt man ihnen, die Atmung zu beherrschen, indem sie die eingeatmete Luft ein wenig anhalten und während dieser Zeit den Geist binden. Das Ein- und Ausatmen führt ganz allmählich zur Einkehr des Geistes in sich selbst."[2]

Gregor der Sinait gibt ähnliche Anweisungen über das Beherrschen des Atems als Mittel zur Beruhigung des Geistes, wenn er schreibt:

„Beherrsche das Atmen der Lunge so, dass sie nicht nach Belieben atmet. Das ungestüme Atmen, das wie ein Sturm über das Herz kommt, verdunkelt den Geist und beunruhigt die Seele.

Soweit du kannst halte deinen Atem zurück, schließe ihn fest in dein Herz und übe ohne Unterbrechung das Jesusgebet."[3]

Christen ist also das Ausrichten des ganzen Menschen auf Gott hin durch Körperhaltung, Atembeherrschung und die dadurch herbeigeführte Sammlung des Geistes durchaus nicht fremd. Erst wenn das diskursive Denken zum Stillstand gebracht worden ist, kann der erstrebte Zustand der Ruhe eintreten.

## Der Alltag als Übungsfeld

Die zur Kontemplation notwendige Form der Atmung kann immer und überall mit Nutzen geübt werden, denn sie erleichtert sowohl körperliche als auch geistige Arbeit. Im Grunde genommen braucht nur das aktiviert zu werden, was bei der Handarbeit oft spontan eintritt, nämlich ein Sammeln der Kraft im Unterleib durch den Atem. Kleinkinder sowie auch mit

Schaufeln und Heben beschäftigte Schwerarbeiter tun das meist ganz spontan und unbewusst. Auch beim Sport spielt das Kräftesammeln durch den Atem eine große Rolle, sei es nun beim Bergsteigen, Schwimmen, Schießen oder Ski fahren. Es sei jedoch nochmals darauf hingewiesen, dass es in den meisten Fällen jahrelanger Übung bedarf, bis sich die Atemführung bei der Kontemplation einspielt und ihre Früchte zu zeitigen beginnt.

## 2. KÖRPERHALTUNG

Meditieren lässt sich ohne Zweifel in jeder Körperhaltung, also auch auf dem Stuhle sitzend. Es zeigt sich jedoch, dass ein gutes Sitzen der Kontemplation sehr dienlich ist.

Am einfachsten und bequemsten ist es, am Anfang ein Meditationsbänkchen zu benützen. Man kniet sich auf den Boden nieder, stellt das Bänkchen über die Waden und setzt sich darauf. Die Knie sollten etwas geöffnet bleiben.

Der Fersensitz ist eine andere meditative Sitzweise. Um den Fersen das volle Körpergewicht abzunehmen, kann man ein Kissen unter die Sitzhöcker schieben.

Der Sitz mit gekreuzten Beinen ist die traditionelle Weise des meditativen Sitzens im Osten. Man setzt sich auf ein gut gestopftes, 6 bis 12 cm hohes Kissen und legt die Beine abgewinkelt auf die Oberschenkel.

Welche Sitzweise man auch immer als passend für sich selbst wählen mag, es ist wichtig, dabei folgende Punkte zu beachten:

1. Knie und Sitzhöcker müssen ein Dreieck bilden, das dem Körper einen festen Halt gibt.
2. Becken und Lendenwirbel werden nach vorn geschoben, damit der Bauch frei heraustreten kann.
3. Die Wirbelsäule wird aufrecht gehalten, d. h. sie nimmt dabei ihre natürliche, leichte S-Krümmung an.

4. Der Nacken ist breit und nach hinten geschoben. Das Kinn wird etwas angezogen.
5. Die Schultern sind locker, fallen aber nicht nach vorn.
6. Die Hände ruhen im Schoß. Die eine Hand umschließt leicht den Daumen der anderen Hand. Man kann die Hände auch auf den Knien ruhen lassen.
7. Die Augen sind in der Entfernung von etwa einem Meter auf den Boden gerichtet, ohne einen Gegenstand zu fixieren. Sie sind stets halb geöffnet zu halten, da geschlossene Augen oft Störungen verursachen.
8. Die Zunge liegt entspannt in dem stets geschlossenen Mund.

Der richtige Sitz gleicht dem Fundament eines Gebäudes. Daher ist der Sitz auf dem Schemel besser als der Sitz auf dem Stuhl, und der Bodensitz ist dem Sitz auf dem Schemel vorzuziehen. Bei längeren Gebetsübungen verlangt nämlich das Sitzen auf einem Stuhl weit mehr Kraft und Aufmerksamkeit als das Sitzen auf dem Boden.

Wie das richtige Atmen, so wird auch das richtige Sitzen nur im Laufe der Zeit gelernt. Man wird am Anfang viel Geduld mit sich selbst haben müssen, da die Muskulatur und die Gelenke sich nur langsam lockern. Es ist ratsam, den Verspannungen im ganzen Körper nachzugehen und durch regelmäßige Leibesübungen zu lockern. Viele der Anleitungen, die sich in jedem guten Yogabuch finden lassen, können zu gutem Sitzen verhelfen. Wichtig ist, dass man einen Sitz findet, in dem man sich ruhig zwanzig Minuten der Gebetsübung hingeben kann. Die griechischen Mönchsväter wussten, dass die Ruhe des Leibes sich auf die Ruhe des Geistes auswirkt. So schreibt z. B. Gregor von Thessalonich:

„... sie (die Gottversenkten) unterdrücken nach Möglichkeit jede Bewegung und wechselnde Handlung."[4]

Johannes von der Leiter zitierend, sagt er an anderer Stelle:

„... der Gottversenkte ist ein Mensch, der sich bemüht,
das Unkörperliche im Körperlichen einzufangen."[5]

Wer die auf Erfahrung gründenden Weisungen der alten Mönchsväter in die Tat umsetzt, wird durch Geduld und Beharrlichkeit
zur Kontemplation gelangen.

## 3. SAMMLUNG DES BEWUSSTSEINS

### Das Leitwort

Neben richtiger Atmung und Körperhaltung führt das Wiederholen des Leitwortes den Übenden zur wesenseigenen Sammlung der Kontemplation. Den Übungsweg des Leitwortes ver-
danken wir einem anonymen englischen Mystiker aus dem
14. Jahrhundert, dessen Anweisungen in einem Buch mit dem
Titel DIE WOLKE DES NICHTWISSENS zusammengefasst sind.
Die Anleitungen sind zur Einführung eines jungen Menschen
in die Kontemplation gedacht.[6] Später hat der gleiche Verfasser
ergänzende Briefe geschrieben, die bei uns in gesammelter Form
unter dem Titel DER WEG DES SCHWEIGENS bekannt sind.[7]
Auf dem kontemplativen Weg, der in diesen zwei Schriften
aufgezeigt wird, geht es sowohl um das Ausblenden aller Sin-
neswahrnehmungen als auch um das Ausschalten der gesamten
aktiven Verstandestätigkeit, der Vorstellungskraft und aller
Willensimpulse, denn deren Schweigen ist Voraussetzung für
die Erfahrung des Göttlichen in uns. Die notwendige Entlee-
rung des Bewusstseins wird zunächst durch dessen Vereinheitlichung angestrebt. In seinen Anleitungen empfiehlt daher
der Verfasser, zu diesem Zweck ein kurzes Wort zu wiederholen:

„Willst du deine ganze Sehnsucht in ein *Wort* fassen, das du leicht behalten kannst, ziehe ein kurzes Wort einem langen vor. Am besten ist ein ganz kurzes Wort wie ‚Gott‘ oder ‚Liebe‘. Wähle dir aber eines, das dich anspricht. Nimm dieses Wort so tief in dich hinein, dass es nicht verklingt, was auch kommen mag. Im Kampf wie in der Ruhe wird es deine Waffe sein. Benutze es, um in die Wolke des Dunkels über dir zu stoßen. Alle Zerstreuungen wehre damit ab und bringe sie unter die *Wolke des Vergessens.*"[8]

Die Praxis hat gezeigt, dass sich kurze Worte mit dunklen Vokalen und weichen Konsonanten besser eignen als andere. „God" und „love", die englischen Worte für „Gott" und „Liebe", eignen sich besser als deren deutsche Äquivalente. In der deutschen Sprache haben sich daher andere Leitworte gut bewährt, z. B. Jesus, Christus oder Christos, Abba, Logos, Amen oder Ja. Einige wählen den eigenen Namen, andere Laute wie O, U, A. Lang gedehnt, bekunden sie in sich ein Staunen vor etwas, das unbekannt ist. Mit „Oooh" und „Aaah" reagiert man auf etwas Großartiges oder Überraschendes. Man könnte das, ins Religiöse übertragen, einen staunenden Urlaut nennen, der ganz offen ist für die Erfahrung des Göttlichen in der kontemplativen Übung. Angelus Silesius meinte diese Art des Gebetes, als er schrieb: „Die Menschen plappern viel. Wer geistlich weiß zu beten, der kann mit A und O getrost vor Gott hin treten."
Ähnliches wird von Bruder Masseo, einem frühen Nachfolger des heiligen Franziskus, berichtet:

„Oft, wenn Bruder Masseo betete, stieß er einen Laut des Jubels aus, uh, uh, uh, wie ein Täuberich, und mit heiterer Miene und frohen Herzens verweilte er so in seinen Betrachtungen, und, weil er so sehr demütig geworden war, hielt er sich für den geringsten aller Menschen auf Erden. Als Bruder Jakob von Fallerone ihn

21

einmal fragte, warum er stets in gleicher Weise jubiliere, antwortete er voller Freude, wenn man in einer Sache alles Glück gefunden habe, schwinde das Bedürfnis, die Weise zu ändern."[8a]

Das Leitwort sollte unter Konsultation mit einem in dieser Form des Betens erfahrenen religiösen Führer ausgesucht werden. Hat man sich einmal für ein bestimmtes Wort entschieden, sollte man es nicht mehr wechseln. Es begleitet einen dann bis zur Todesstunde. Bei der Gebetsübung muss das Leitwort das Bewusstsein total ausfüllen. Nichts anderes darf neben ihm noch Platz haben. Kein Gedanke, keine Vorstellung sollte von einem Besitz ergreifen.

Das Leitwort wird so zu einem persönlichen Wort, auch dann, wenn viele andere es ebenfalls benützen. Es muss der „Logos", das „Verbum" werden, durch das Gott alles erschaffen hat (Joh 1,1). Mit diesem Wort wird das unfassbar Göttliche bezeichnet und zugleich alles, was existiert. Mit diesem Wort oder Laut gilt es eins zu werden. Dieses Wort, das während des ruhigen Sitzens in der kontemplativen Übung innerlich ausgesprochen wird, behält seine Wirkung auch den gesamten Alltag hindurch. Es ist, als hätte man die Saite eines Instrumentes in Schwingung gebracht: Sie fährt fort zu schwingen und zu tönen, auch dann, wenn man aufgehört hat, sie anzuschlagen.

Das Leitwort darf bei der Gebetsübung niemals zum Gegenstand des Nachdenkens gemacht werden. In der WOLKE DES NICHTWISSENS rät der Verfasser ausdrücklich:

„Sollte dein Verstand anfangen, dieses Wort zu zerlegen, dann erinnere dich, dass es nur als Ganzes für dich einen Wert hat. Befolge meinen Rat, und ich versichere dir, die Gedanken werden dich bald in Ruhe lassen..."[9]

„Es genügt jetzt, deine Aufmerksamkeit auf ein einziges Wort zu richten... Doch ergründe es nicht. Versuche die Wirklichkeit, für die das Wort steht, auf dich wirken zu lassen. Lass keinen noch so klugen Gedanken zu, der dieses Wort ergründen möchte. Gehe auch seinen verschiedenen Bedeutungen nicht nach ... Ich bin sicher, dass das Nachdenken der kontemplativen Übung hinderlich ist."[10]

Es ist also nicht richtig, sich auf den Sinn und Inhalt des Wortes zu konzentrieren. Vielmehr besteht die Rolle des Leitwortes bei der kontemplativen Übung darin, als kontinuierlicher Kristallisationspunkt des Bewusstseins zu dienen. Man sammelt sein Bewusstsein in diesem Wort.

## Leitwort und Atem

Das Leitwort entfaltet seine wirkliche Kraft, wenn es mit dem Atem verbunden wird. Man spricht das Wort beim Ausatmen innerlich aus und dehnt dabei den letzten Vokal so lange wie der Atem reicht. Wer allein meditiert, kann das Wort auch für eine kurze Zeit singen. Es setzt dann die Rippen des Brustkorbes in Schwingung, verhindert Verkrampfungen und wirkt sich positiv auf die Drüsen in Hals und Kopf aus. Der Blutkreislauf und besonders die Hypophyse, die für die Steuerung der anderen Drüsen des Endokrinsystems verantwortlich ist, werden angeregt. Beim lauten Üben kann man auch kontrollieren, ob der Atemvorgang wirklich entspannt ist. Bei Verkrampfungen fließt der Ton nicht regelmäßig.

Der tragende Ton wird durch die natürliche Spannung im Unterleib erzielt, von der im ersten Teil dieses Kapitels die Rede war. Nach kurzer Zeit sollte man zum Üben mit geschlossenem Mund übergehen, aber dabei fortfahren, das Leitwort innerlich zu singen. Die anzuwendende Atmungsweise bleibt dieselbe. Das Üben mit dem Leitwort in Verbindung mit der Bauchatmung hat als Ziel, das Außenbewusstsein so zu absorbieren, dass man dabei alles, einschließlich sich selbst, vergisst. Es kommt darauf an, durch beharrliche Praxis selbst zu diesem

Vorgang, ja, zum Leitwort zu werden. Ist die Verstandestätigkeit einmal zum Stillstand gebracht, füllt sich das Bewusstsein mit einer diffusen Aufmerksamkeit. Was erfahren wird, ist mit dem Wind vergleichbar, der zu stehender Luft geworden ist. So kommt durch die Übung mit dem Leitwort der bewegte Strom der Gedanken zum Stillstand. Eine klare, reine Aufmerksamkeit wird immer vorherrschender.

Die Übung erscheint leicht und unkompliziert, und doch hat die Praxis erwiesen, dass man sie ohne die Führung eines erfahrenen Lehrers kaum erlernen kann. So wird auch keiner ein Virtuose im Violinspiel ohne qualifizierte Anleitung. Zum Erlernen der Kontemplation bedarf es daher eines erfahrenen Meisters, einer erfahrenen Meisterin, besonders wenn man sich der Übung intensiv widmen möchte.

## Ausblendung des aktiven Tagesbewusstseins

Wie bereits erwähnt, müssen bei der kontemplativen Übung Verstand, Vorstellungskraft und Willens-Impulse zum Stillstand gebracht werden. Solange das nicht gelingt, kann man die Tätigkeit des Übenden nicht als Kontemplation bezeichnen. Da es aber nicht leicht ist, Verstand und Vorstellungskraft zum Schweigen zu bringen, muss man sie gleichsam indirekt überlisten. Das geschieht durch die oben geschilderte Übung. Allerdings sind wir als Europäer des 21. Jahrhunderts schwer davon zu überzeugen, dass es eine nicht-intellektuelle, ungegenständliche Form des Gebetes gibt. Es seien daher noch einmal Mystiker zitiert, die darauf hinweisen, dass die Verstandestätigkeit völlig eingestellt werden muss, wenn man durch die Kontemplation zu einer Gotteserfahrung kommen will. Zunächst sei dem Schreiber der „Wolke des Nichtwissens" noch einmal das Wort gegeben:

„… Genau so ist es falsch für jemanden, der sich in der kontemplativen Übung müht, in das Dunkel der *Wolke des Nichtwissens* einzudringen, Gedanken über Gott, seine wunderbaren Gaben, seine Menschenfreundlichkeit und seine Werke zuzulassen. Diese Gedanken stören seine Aufmerksamkeit, die einzig auf Gott gerichtet sein sollte … Darum sage ich dir: Weise jeden Gedanken ab, mag er noch so tief und klar, noch so gut und wertvoll in sich sein. Bedecke ihn mit einer dichten *Wolke des Vergessens* … Weise also alle Gedanken und Bilder ab, die während der kontemplativen Übung auftauchen. Sie werden kommen! Wirst du nicht Herr über sie, so werden sie ganz sicher Herr über dich. Weise darum alle Gedanken und Vorstellungen entschieden ab, mögen sie noch so gut und vielversprechend sein."[11]

An anderer Stelle gibt er den dringlichen Rat:

„Sei also um Gottes willen vorsichtig auf diesem Weg und quäle dich nicht ab, weder mit Nachdenken noch mit Vorstellungen, denn trotz aller Mühe wirst du damit deinem Ziel nicht näherkommen. Lasse alle Sinne und Verstand ruhen.
Ich sprach von ‚Dunkel‘ und ‚Wolke‘ … Wenn ich von Dunkel spreche, so meine ich, dass keinerlei bewusstes Erkennen vorhanden ist …
Ich rate dir also, in diese Wolke einzutreten und dich dort zu Hause zu fühlen und mit der Übung der schweigenden Hingabe der Liebe zu beginnen."[12]

Stellen ähnlicher Art kann man bei anderen Mystikern nachlesen. Johannes vom Kreuz schreibt z. B. in „Empor den Karmelberg":

„Mit all diesen Wahrnehmungen und bildhaften Visionen und irgendwelchen anderen Formen und Vorstellungen, wie sie sich unter Bildern oder Einzelerkenntnissen darbieten mögen … darf sich der Verstand nicht belasten noch sich von ihnen nähren, auch darf die Seele sie weder zulassen noch festhalten wollen."[13]

Neben der Verstandestätigkeit müssen alle Bilder und Erinnerungen, überhaupt die gesamte Einbildungskraft von der Wolke des Vergessens bedeckt werden. Johannes vom Kreuz bestätigt das mit folgenden Worten:

> „Der *innere, körperliche Sinn*, nämlich die *Einbildungskraft*, sowie *Phantasie* ... müssen aller Formen und bildhaften Wahrnehmungen entleert werden, die ihnen auf natürlichem Wege zukommen können. Es ist nachweisbar unmöglich, dass die Seele zur Vereinigung mit Gott gelangt, ehe Einbildungskraft und Phantasie nicht ihre Tätigkeit einstellen; denn sie können nicht das geeignete ... Mittel zu dieser Vereinigung sein."[14]

Teresa von Avila bezeichnet den Verstand, der zu begreifen versucht, was über seine Kräfte hinausgeht, als „närrisch". Wörtlich sagt sie:

> „Die Ursache also, weshalb der Verstand sich hier bescheidet oder zur Bescheidenheit genötigt wird, liegt in der Einsicht, dass er nicht verstehen kann, was er verstehen möchte. Und darum bewegt er sich wie närrisch hin und her, ohne irgendwo zu verweilen."[15]

Ähnliches lehrt der Benediktiner Augustine Baker, der im 17. Jahrhundert Seelen auf dem mystischen Weg führte:

> „Diese Seelen fühlen sich angetrieben, Gott innerlich zu suchen und infolgedessen nach zwei Dingen zu streben. Erstens nach der Einfachheit der Seele selbst, einer Entblößung von allen geschaffenen Bildern, die allein sie fähig macht zur unmittelbaren Vereinigung mit der göttlichen Einfachheit. Zweitens nach der Einfachheit der

reinen Gottheit, losgelöst von allen Körpern oder geschaffenen Bildern. Daher kann die Seele auch keinerlei verstandesmäßige Erwägungen zulassen, denn diese müssen aus sinnlichen Vorstellungen bestehen; oder wenn sie sie zulässt, dann nur als Stufen, auf denen sie nicht lange verweilt, sondern über die sie zur Gottheit fortschreitet, die leer ist von Bildern. In der Tat wird diese ihre Neigung der Seele nicht einmal erlauben, bei dem edelsten Bilde, das je geschaffen wurde, stehen zu bleiben, nämlich dem Abbild Gottes in der Menschheit, unseres Erlösers. In manchen Fällen ist die Seele sogar gänzlich unfähig, das Bild der Menschheit des Heilandes auch nur als Stufe auf dem Weg zur göttlichen Einfachheit zu benutzen...

So geschieht es, dass Seelen mit dieser starken Neigung zum innerlichen Leben manchmal weder die Betrachtung der Menschheit unseres Erlösers lieben und sich dabei aufhalten noch Gebete zu den Heiligen verrichten, noch ausdrücklich der Toten gedenken, noch anderen besonderen Übungen sich widmen, die notwendigerweise den Gebrauch körperlicher Bilder voraussetzen. Eine Seele, die durch die Übung der Einfachheit einen gewissen geistlichen Zustand erreicht hat, wird alle solche Übungen vielleicht am Anfang ihres Weges als Hilfe brauchen, aber sie wird nicht bei ihnen verweilen, sondern die gerufenen Bilder alsbald überwinden und in die einfache Gottheit eintreten. Das meinte ja auch unser Erlöser, als er sagte: ‚Wenn ich nicht von euch gehe, kann der Tröster nicht kommen.‘ (Joh 16,7) ‚Ich‘ war seine körperliche Menschheit, ‚der Tröster‘ der Heilige Geist, die einfache Gottheit, die erst dann vollkommen besessen und genossen werden konnte, als alle körperlichen Bilder verschwunden waren.

So ist für die Seelen, für die alle anderen, besonders die sinnlichen Dinge, zu eng und ungeeignet sind, die Gottheit der unendliche, tiefe Mittelpunkt oder Ruheplatz.

Die Gottheit ist das angemessene, weite Element, in dem die Seele Leben, und zwar unendliches Leben, finden kann. Außerhalb dieses Elementes ist sie wie ein Wal, der in einem Bach gestrandet ist: Das große Geschöpf hat keinen Platz, zu schwimmen und zu tauchen. Daher sehnt es sich beständig nach dem Ozean, der wegen seiner Tiefe und Weite fähig ist, es selbst und Millionen anderer aufzunehmen. Hier stoßen diese ungeheuren Kreaturen auf keinen Grund, können schwimmen, soviel sie wollen, und laufen keinerlei Gefahr; denn hier sind sie in ihrem Element, in ihrem eigensten Reich. So sehnt sich die beschauliche Seele kraft ihrer Neigung ständig nach ihrem Mittelpunkt und Element... Sie dürstet nach der unendlichen Weite Gottes, die allein sie befriedigen und in der allein sie sich sicher fühlen kann."[16]

Als letzter sei Meister Eckehart hier angeführt, der niemals müde wird, von der Notwendigkeit des Ausschaltens aller Tätigkeit des Verstandes und der Vorstellungskraft zu reden, wenn es zu einer „Gottesgeburt in der Seele" kommen soll. In Form von Frage und Antwort geht er z. B. in seiner Predigt „Et cum factus esset Jesus annorum duodecim" (Als unser Herr zwölf Jahre alt geworden war...) auf diesen Punkt ein:

„Darum erhebt sich für uns ... folgende Frage: Ob der Mensch diese Geburt wohl finden könne durch gewisse Dinge, die wohl göttlich, aber doch von außen durch die Sinne eingebracht sind, wie gewisse Vorstellungen von Gott...
Ob man mit allem dem wohl diese Geburt finden könne? Wahrlich nein! Denn, wiewohl es alles gut und göttlich sein mag, so ist es doch alles von außen durch die Sinne hereingetragen; es muss aber einzig und allein *von innen* herauf aus Gott herausquellen, wenn diese Geburt eigentlich und lauter dort leuchten soll, und dein

ganzes Wirken muss zum Erliegen kommen, und alle Kräfte müssen dem *Seinen* dienen, nicht dem *Deinen.* Soll dies Werk vollkommen sein, so muss Gott allein es wirken, und du musst es lediglich erleiden … Du darfst nicht wähnen, dass deine Vernunft dazu aufwachsen könne, dass du Gott zu erkennen vermöchtest … So vermag aller *Kreaturen* Wissen noch *deine eigene* Weisheit noch *dein gesamtes* Wissen dich nicht dahin zu bringen, dass du Gott *auf göttliche* Weise zu wissen vermöchtest. Willst du Gott *auf göttliche* Weise wissen, so muss dein Wissen zu einem reinen Unwissen und einem Vergessen deiner selbst und aller Kreaturen werden."[17]

Diese Texte sind verwirrend, weil man sich immer wieder mit der Tatsache der Unfähigkeit konfrontiert sieht, die Wogen der Verstandestätigkeit und der Vorstellungskraft wirksam einzudämmen. Weiterkommen wird nur der, der sich der Gebetsübung wirklich hingibt. Rechtes Sitzen und rechtes Atmen verbunden mit der Wiederholung des Leitwortes werden jeden, der sich diesem Weg anvertraut, in die Tiefe des eigenen Bewusstseins führen.

### *Liebe und Hingabe als Hilfen auf dem Weg*

Liebe und Hingabe sind wichtige Hilfen auf dem Weg in die spirituelle Tiefe. Sie tragen nicht nur zur Bewusstseinssammlung bei, sondern vermögen den kontemplativen Menschen ganz auf das Letzte auszurichten. So wie das Verlangen nach Wasser sich im Durstigen bei jeder Beschäftigung fortwährend ins Bewusstsein drängt, so führen Liebe und Hingabe manche Menschen direkt in eine Gotteserfahrung. Allen aber, die sich der Kontemplation hingeben, werden sie Kräfte und Motivation auf den Trockenstrecken spenden, die jeder auf dem Weg in die Tiefe zu überwinden hat.

Die Liebe drängt ferner den Menschen, alles loszulassen, denn diese innere Freiheit ist die Voraussetzung zur Einswerdung mit Gott. Um der Liebe willen vergisst er schließlich auch sich selbst, und so wird er, selbst Hingabe werdend, eins mit Gott. In Eckeharts Worten: Der Mensch lässt Gott in sich selbst Gott sein. Gott ist dann Gott in ihm.[18] Alle Phänomene dieser Welt werden dann relativ. Sie haben ihre Existenz in Gott, und außerhalb Gottes haben sie keine Existenz. Alles, was zurückgelassen werden musste, wird nun neu als Manifestation der Liebe gefunden, die Gott für den Menschen hegt. Es ist daher ganz natürlich, dass die WOLKE immer wieder auf Liebe und Hingabe zurückkommt:

> „...in der echten kontemplativen Übung musst du all das lassen und mit der *Wolke des Vergessens* bedecken. Lass nur noch deine liebende Sehnsucht ruhig und gelassen, mutig und froh emporsteigen, um das Dunkel über dir zu durchdringen. Durchstoße diese dichte *Wolke des Nichtwissens* mit dem Speer deiner liebenden Sehnsucht. Lass nicht nach, mag kommen, was will."[19]

An anderer Stelle versichert der gleiche Schreiber, dass nur in Verbindung mit Liebe und Hingabe Methoden einen Wert haben:

> „Die Erfahrung wird dich viel überzeugender lehren, was ich dir mit Worten zu erklären versuchte: Mit Techniken und Methoden ist die kontemplative Liebe nicht zu erreichen. Es nützt nichts, mit ihnen bewaffnet an die Übung zu gehen. Alle guten Methoden und Hilfen erwachsen aus dieser kontemplativen Liebe. Sie selbst aber ist unabhängig von ihnen."[20]

# 2. KAPITEL

# WAHRNEHMUNG DES EIGENEN SEINS

## 1. BLICK IN DAS EIGENE SEIN

Die Erfahrung des Seins muss im allgemeinen teuer erkauft werden. Mit einer hastigen, betriebsamen Übungstechnik wird sie sicher nicht erreicht. Doch wird die Gebetsübung helfen, in einen Zustand der Ruhe und des Lassenkönnens zu kommen. Die aktiven Kräfte des Ego können sich dann beruhigen, und tiefere Schichten des Bewusstseins erwachen. Das Egobewusstsein bewirkt die Kontinuität im zeitlichen Wechsel und vermittelt einen Eindruck von Individualität.

Das Ego gleicht einem kleinen Rinnsal, das aus einem gewaltigen See herausfließt. Dieses Rinnsal ist begrenzt durch Ufer; es hat einen ganz individuellen Lauf. Es ist einmal eng und einmal weit, je nach der Landschaft. Es reagiert auf Widerstand und folgt dem Sog des Gefälles. Es bildet Strudel, staut sich, schießt als Wasserfall über Felsen. Es hat immer diese oder jene Form, setzt sich ab von seiner Umwelt und ist darauf bedacht, sich zu unterscheiden. Der große See dagegen, aus dem es kommt, wandelt sich nicht. Er ist das Bleibende, er ruht in sich. Wer zu diesem Ursprung zurückkehrt, findet seine Mitte, seine Basis, Ruhe und Frieden. Kontemplation ist Heimkehr in den See, bei gleichzeitigem Wissen um das Rinnsal. Der See ist das Auge, mit dem man die letzte Realität schaut, die Basis des Bewusstseins. Dort gibt es noch kein Rinnsal, kein Ich und kein Du, kein Subjekt und kein Objekt. Wer mit diesem Auge sehen kann, ist kontemplativ. Der Zustand des Sehens ist Kontemplation.

Im Tagesbewusstsein ist diese Basis überlagert von intellektuellen und emotionalen Vorgängen. Sie kann daher nicht wahrgenommen werden. Intellektuelle, emotionale, physische und psychische Abläufe schaffen ein Ego, das für die eigentliche Mitte gehalten wird. In Wirklichkeit ist es nur das kleine Rinnsal. Schweigen alle genannten Tätigkeiten, tritt die Basis des Bewusstseins hervor, und man erkennt, dass das wahre Selbst viel tiefer liegt. Jeder Mensch hat diese Mitte und lebt aus ihr, ob er darum weiß oder nicht. Jeder Mensch hat diesen schweigenden See, aus dem das Rinnsal seines Tagesbewusstseins fließt. Der See ist ein angeborener Bewusstseinszustand, der auf Enthüllung wartet.

Die Erfahrung des eigenen Seins ist noch nicht die eigentliche Erleuchtungserfahrung. Es ist vielmehr der Zustand, den der WEG DES SCHWEIGENS „Schauen ins nackte Sein" und die Mystik „Gebet der Ruhe" nennt. Die eigentliche Erleuchtungserfahrung kommt oft, wenn auch nicht immer, als Geschenk nach langer Zeit der Übung dieser Art des Gebetes, aus diesem Zustand der Ruhe und des Friedens. Der Schreiber des WEGES drückt diese innere Verfassung mit folgenden Worten aus:

> „Das Einzige, wonach ich verlange, ist die einfache Wahrnehmung meines Selbst … Darum such ich – … nichts anderes als die direkte, dunkle Wahrnehmung meines Selbst."[1]

Wissend, dass dieser Zug in die eigene Tiefe zum Ziele führt, rät er:

> „Vergiss es und blicke nur in das bildlose Dunkel deines nackten Seins.[2]
> … jetzt ist es an der Zeit, dich zu bemühen, ständig in der innersten Mitte deiner Seele zu bleiben, um Gott die dunkle Wahrnehmung deines Seins als Erstlingsfrucht anzubieten."[3]

So wird es nach einer Zeit des Übens geschehen:

> „Du wirst deiner täglichen Arbeit nachgehen und zugleich mit deiner ganzen Aufmerksamkeit auf die dunkle Wahrnehmung deines Seins gerichtet sein, das mit Gottes Sein vereint ist."[4]
> „Von jetzt ab genügt es, Gott mit deinem reinen, ungeteilten Sein aufs höchste zu verherrlichen. Biete ihm nun deine Erstlingsfrucht an, dein reines, nacktes Sein ... Halte diese Wahrnehmung deines Seins frei von allem Denken an dessen Eigenschaften. Leere dein Bewusstsein von allen Einzelheiten deines Seins und dem anderer Geschöpfe ... Jetzt genügt dir die dunkle, allgemeine Wahrnehmung deines Seins in ungeteiltem Herzen."[5]

Das Bewusstsein arbeitet in zwei Richtungen, nämlich nach außen und nach innen. Zum Anschauen eines Fernsehprogramms, eines Schmetterlings oder eines Fußballspieles braucht man die nach außen gekehrte Aufmerksamkeit. Richtet man sie beharrlich nach innen, kommt man zu der Erfahrung des reinen Bewusstseins. Man wird sich bewusst, dass man sich bewusst ist. Keinem Gedanken wird erlaubt, die Erfahrung zu trüben. Diesen Zustand nennt der Verfasser der WOLKE und des WEGES „Wahrnehmung des eigenen Seins". Äußere Sinneseindrücke haben keine Signalwirkung mehr. Man ist ganz bei sich. Wohl die meisten, die sich mit intensivem Eifer der Gebetsübung der Kontemplation hingeben, werden diese Entwicklungsstufe des inneren Gebetes erreichen. Versichert doch der Schreiber des WEGES: „Besinne dich darauf, dass du eine angeborene Fähigkeit hast, dein schlichtes Sein wahrzunehmen."[6]

Meister Eckehart nennt dies eine Empfänglichkeitsanlage: „... eine vermögende Empfänglichkeit, worin du vollendet werden sollst ... Drum gibt es da kein Zurückkehren, sondern nur ein beständiges Vorwärtsdrängen und ein Erreichen und Erfüllen der Anlage."[7]

## 2. Gebet der Ruhe

Was der WEG DES SCHWEIGENS die „Wahrnehmung des eigenen Seins" nennt, heißt in der Mystik auch „Gebet der Ruhe", ein Gebetszustand, der über die Dämpfung der Sinnes- und Verstandestätigkeit zu deren völliger Ruhestellung führt. Das Göttliche ist im Menschen verborgen, aber wenn die aktiven Kräfte unseres Ego zur Ruhe gekommen sind, stößt der Mensch auf eine Wirklichkeit, die er zunächst als nicht sein Eigenes erfährt. Etwas nicht Beschreibbares, ganz Anderes tritt da in sein Bewusstsein. Der Mensch erschrickt und ist doch gleichzeitig fasziniert. Dieses ganz Andere lockt, zieht an. Es kann ganz allmählich wachsen, bis es den ganzen Bewusstseinsraum ausfüllt, aber es kann auch ganz plötzlich einbrechen und überwältigen.

Im Lauf der Zeit kommt es so weit, dass der Mensch nicht mehr betrachten will und dann auch vielleicht nicht mehr betrachten kann. Er kann sich diesem ganz Anderen nicht entziehen. Es entwickelt eine eigene Aktivität. Der Mensch wird mehr und mehr zum passiv Schauenden. Die Phantasie und die Gedanken gehen neben diesem Schauen unkontrolliert ihre eigenen Wege. Die Andersartigkeit dieses Geschehens verwirrt, aber im Innern breiten sich Ruhe, Friede und Freude aus.

Teresa schreibt über die Erweiterung des Bewusstseins und die innere Freiheit, die dieses Gebet mit sich bringt:

> „Diese innere Geschmeidigkeit und Erweiterung zeigt sich auch darin, dass derjenige, dem sie widerfährt, fortan in den Dingen des Gottesdienstes nicht mehr so ängstlich ist wie zuvor, sondern sich sehr viel freier bewegt und sich nicht aus Angst vor der Hölle quält."[8]

Teresa unterscheidet zwischen Denken und Einbildungskraft einerseits und dem Verstand andererseits. Das Denken fliege so schnell umher, „dass nur Gott es aufzuhalten vermag, wenn er uns so fesselt, dass wir irgendwie von diesem Leibe losgelöst zu sein scheinen."[9]

Das umherflatternde Denken kann verwirrend wirken, aber es erreicht den innersten Kern nicht, wo Ruhe herrscht. Deshalb schreibt sie an anderer Stelle:

> „Dabei ist die Seele vielleicht ganz bei ihm versammelt, in der Wohnung, welche dicht in seiner Nähe ist, während das Denken sich im Vorgelände der Burg umhertreibt."[10]

Teresa bezieht sich hier auf einen Vorgang, der schon zu Anfang des ersten Kapitels erwähnt worden ist. Im Innern herrscht tiefer Friede; man erfährt sich als die Ruhe selbst, und doch segeln Gedankenfetzen über das Bewusstsein wie Wolken über einen Berg. Anfangs stören diese eigenwilligen Gedanken; später lässt man sie einfach geschehen. Sie beeinträchtigen die Sammlung so wenig wie Wolken die Ruhe des Berges.

Um diesen Gebetszustand weiter zu beschreiben, benützt Teresa auch das Bild des Wassers, das aus der Wesenstiefe hervorquillt. Es braucht nicht durch vieles Nachdenken von weit hergeholt zu werden, besitzt aber die Fähigkeit, uns innerlich auszuweiten. Die Erfahrung wird auch mit einem Glutbecken verglichen, dessen Wärme die ganze Seele durchzieht.

Das „Gebet der Ruhe" wird von ihr auch „Gebet der Wonne" genannt. Es kann nämlich dabei zu sehr angenehmen Empfindungen kommen, die nicht mehr der flachen Gefühlsebene angehören, sondern tiefer wurzeln und daher von den Mystikern „Tröstungen" genannt werden. Diese Tröstungen bergen allerdings für den Kontemplativen die Gefahr des Stehenbleibens. Da der Weg in die Tiefe noch kaum beschritten worden ist, darf man an solchen Empfindungen nicht hängen bleiben.

## 3. Zusammenfassung des Gebetsweges

In jedem Fall ist es zunächst ratsam, sich am Anfang der Übungszeit aller möglichen körperlichen Verspannungen bewusst zu werden. Man geht zu diesem Zweck langsam durch den ganzen Körper.

Am besten beginnt man mit den Beinen. Schultern und Gesichtsmuskulatur sind mit besonderer Aufmerksamkeit wahrzunehmen. Die Zunge darf beim Atmen nirgends angepresst werden. Stellt man Schmerz oder Verspannung fest, ist nachzugeben, nachzulassen und zu lockern. Oft dauert es Jahre, bis man die Verspannungen in den einzelnen Körperteilen entdeckt.

Mit der Zeit sollte der Punkt erreicht werden, wo Körper und Atem vergessen sind. Man bleibt an keiner Einzelempfindung hängen. Gedanken mögen aufsteigen; sie werden nicht festgehalten. Man sieht sie nur kommen und gehen. Das gleiche gilt für Gefühle. Man lässt sich von ihnen nicht ins Schlepptau nehmen. Man ist einfach da – im Angesichte Gottes. So rät auch der Schreiber der WOLKE DES NICHTWISSENS: „Verbleibe in der einfachen Bewusstheit, dass er ‚ist‘ und dass du ‚bist‘.[11] Gelingt das, zieht im Innern eine große Ruhe ein. Der Körper beginnt, sich langsam zu entgrenzen. Weite und Ruhe füllen so aus, dass alles, was in Körper und Verstand aufsteigt, nur an der Peripherie wahrgenommen wird. Der in der Mitte erfahrene Kern ist eine Wirklichkeit, die der WEG DES SCHWEIGENS das „nackte Sein" nennt. Es hat keine Form und keinen Platz, ist aber eine viel eindrucksvollere Wirklichkeit als alles, was sich sehen und greifen lässt. Man kann es nicht einmal etwas Geistiges nennen, wenn man darunter eine bestimmte Idee oder ein beschreibbares Konzept versteht. Worte wie grenzenloser Raum, Ruhe, Friede, Freiheit, Sein, Leben werden gewöhnlich gewählt, um diesen Kern zu beschreiben. Man gelangt in sein eigenstes, tiefstes Wesen. Es ist nichts, was man von weit herholen müsste. Ob wir glauben oder nicht glauben, es ist da. Es ist der Urgrund des Menschen, sein tiefstes Wesen, sein nacktes Sein.

Die Entgrenzung kann eines Tages in einem einzigen Augenblick zur Einheitserfahrung führen. Plötzlich ist da nur noch Leere, die aber gleichzeitig letzte Wirklichkeit ist. Aller Dualismus ist aufgehoben. Der „See" ist erreicht. Dort gibt es weder gut noch böse, weder wertvoll noch minderwertig, weder oben noch unten, weder schön noch hässlich. Plötzlich kann dann nur ein Laut sein, das Summen einer Fliege; die ganze Welt ist dann nur Summen, Läuten einer Glocke oder Rauschen des Regens; das ganze Universum ist Klang. Körper, Empfindungen, Verstand fallen aus – Einheit, Leere, letzte Wirklichkeit, die nicht mehr beschreibbar ist.

Früher ging es einem wie beim Betreten einer Töpferei: Der Blick nahm nur verschiedene Formen wahr. Es fiel nicht auf, dass alle Gefäße aus gleichem Ton hergestellt sind. Wer wirklich zum Urgrund vorgestoßen ist, der sieht vor allem und zuerst Ton, der allen Gefäßen gemeinsam ist. Er sieht die Einheit, er sieht das Verbindende, das durch den gleichen Grundstoff gegeben ist.

In der Einheitserfahrung wird dem Menschen eine erste Berührung des wahren Selbst geschenkt. Der Mensch nimmt sich selber und das ganze Universum in einer Blüte, einer Geste, einem Wort wahr. Eine solche Erfahrung hat nichts mit Euphorie oder parapsychischer Enthemmung zu tun. Sie bringt eher eine strenge, kühle Heiterkeit und Gelassenheit.

Man könnte hier fragen, ob diese Form der Kontemplation wirkliches Beten ist. Der dort Angekommene weiß, dass er betet. Augustinus sagt einmal: „Noverim me, noverim te." – „Erkenne ich mich, erkenne ich dich." Erfahrung der Ruhe, des Friedens und der Freiheit, Erfahrung des eigenen Seins wird als etwas Religiöses erlebt. Die Nähe Gottes wird sehr viel intensiver empfunden als beim mündlichen Gebet.

Wer diese Ebene erreicht, erfährt sie als Bereich des Numinosen. Ob sich ein solcher Mensch dann in bekannten religiösen Formulierungen äußert, oder – was sehr oft geschieht – in einer allgemeinen Sprache tiefen Erlebens, ist von untergeordneter Bedeutung. Doch hat dieser Gebetszustand auf Stellen der Schrift und Formulierungen des Glaubens eigentlich immer eine durchleuchtende Wirkung.

# 3. KAPITEL

# WAHRNEHMUNG GOTTES

## 1. DIE LETZTE WIRKLICHKEIT

Im ersten und zweiten Kapitel wurde aufgezeigt, wie der Weg über Körper und Atem zur „Wahrnehmung des eigenen Seins" oder zum „Gebet der Ruhe" führt. Aber auch diese Entwicklungsstufe, dieser Gebetszustand stellt noch eine Schranke dar, die es zu überwinden gilt. Auch die „Wahrnehmung des eigenen Seins" muss noch von der „Wolke des Vergessens" umfangen werden, damit es zu einer „Wahrnehmung ohne Wahrnehmenden" kommen kann. Dann erst ist der Kontemplative zur Erfahrung der Einheit gelangt, denn diese ist die Grunderfahrung jeglicher Mystik. Ob man mittels des Leitwortes „Gott" oder „Jesus" oder auf dem Weg der „Wahrnehmung des eigenen Seins" dorthin gelangt, ist dabei nicht wesentlich. Die am Ziel stehende Erfahrung ist immer Einheit und Leere. Einheit und Leere oder Nichts sind aber nicht negativ zu verstehen. Es sind Bezeichnungen für die letzte Wirklichkeit, die nicht benannt werden kann. Auch die Leitworte „Gott", „Jesus", „Christus" und die „Wahrnehmung des eigenen Seins" müssen überschritten werden. In der Erfahrung selbst bleibt auch nichts von einer Person. Da ist nur diese radikal andere, transmentale Wirklichkeit, in der alles seinen Bestand hat. Sie ist der Ausgangspunkt aller Differenzierung. Eckehart weigert sich sogar, diese Wirklichkeit „Sein" im üblichen Sinn zu nennen:

„Sage ich ferner ‚Gott ist ein Sein' – es ist nicht wahr: er ist vielmehr ein Überseiendes Sein und eine Überseiende Nichtheit ...

Schweig daher und klaffe nicht über Gott, denn damit, dass du über ihn klaffst, lügst du, tust du Sünde."[1]

Weiß daher der Verfasser des WEGES seinen Schüler auf der Stufe der „Wahrnehmung des eigenen Seins", beginnt er ihn sogleich zu drängen, auch das Innesein des eigenen Seins aufzugeben, um zur Wahrnehmung Gottes zu gelangen:

„Zu Anfang sagte ich: Vergiss alles und blicke nur in das bildlose Dunkel deines nackten Seins. Meine Absicht war jedoch, dich bis zu dem Punkt zu führen, wo du auch dieses noch aufgibst, um nur noch das Sein Gottes zu erfahren. Diese allertiefste Erfahrung hatte ich im Auge, als ich ... sagte: Gott ist dein Sein. Es war damals noch zu früh, von dir zu erwarten, dass du ohne Übergang in diese hohe Schau des Seins Gottes eintreten würdest ... Zunächst riet ich dir, in der unverdeckten bildlosen Schau deines (eigenen) Seins zu ruhen, bis dir durch ausdauerndes geistiges Bemühen die Übung der Versunkenheit leicht fällt. Ich wusste, sie würde dich für das innerste Erkennen des göttlichen Seins vorbereiten. Das Wichtigste dieser Übung war, dass in dir eine alles umfassende Sehnsucht wuchs, ein Verlangen, nur Gott zu erkennen und sonst nichts. Ich sagte zwar anfangs: Hülle deine Wahrnehmung Gottes ein mit der Wahrnehmung deines eigenen Seins ... Ich hoffte, es würde dir durch geduldiges Üben zunehmend leichter fallen, bis du schließlich fähig wärest, dein Bewusstsein selbst von der elementaren Wahrnehmung deines eigenen Seins freizumachen, und dann in einer dir bisher völlig unbekannten Weise zu erfahren, wie Gott, so wie er in sich selbst ist, dich voll Liebe umfängt.
Falls du (daher) beim Üben merkst, dass du noch nicht Gott, sondern erst dein eigenes Selbst wahrnimmst und erfährst, verlange mit der ganzen Kraft deines Herzens danach, einzig in Gottes Sein zu versinken und dass dir

nichts übrig bleibe als der tiefe Wunsch, die kärgliche Erkenntnis und die den Grund verstellende Wahrnehmung deines eigenen dunklen Seins zu vergessen."[2]

Es genügt also nicht, dass es einem gelungen ist, die Geschöpfe und alles, was sie betrifft, vergessen zu haben. Das Ego muss sich selbst noch lassen.[3] Auch das „gierige Verlangen" nach Gott ist Hindernis. Wörtlich drängt er daher noch einmal:

„Darum sage ich dir nochmals, meide jede Übertreibung und lerne, an Leib und Seele entspannt, heiter und gelassen, dich in dieser Übung Gott hinzugeben. Warte geduldig und bescheiden auf sein Wirken in dir und lechze nicht gierig wie ein ausgehungerter Hund nach seiner Gnade.

Halb im Scherz sage ich: Versuche, das schreiende, gierige Verlangen deiner Seele zu zähmen und die Sehnsucht deines Herzens selbst vor Gott zu verstecken."[4]

Erst der innerlich Gelassene hört seinen weiteren Rat:

„Vereine dein Sein mit Gottes Sein, denn er ist das strahlende Sein in sich selbst und in dir."[5]

Dabei lässt er jedoch den Übenden nicht im Zweifel darüber, dass es sich hier um einen äußerst schwierigen und schmerzlichen Vorgang handelt. Ein Sterben des Ich im wahrsten Sinn des Wortes fordert er als unumgängliche Notwendigkeit:

„Meide dein Selbst[6] wie Gift. Vergiss und übersieh es so entschieden, wie unser Herr es erwartet. Verstehe mich recht: Ich sagte nicht, wünsche dir nicht-zu-sein. Das wäre Torheit und hieße Gott lästern. Vielmehr verlange danach, jedes Bewusstsein und jede Wahrnehmung deiner selbst zu verlieren. Das ist wesentlich, wenn du Gottes Liebe in der Fülle erleben willst, wie es in diesem

Leben überhaupt möglich ist. Dir muss es selbst aufgehen, dass du ohne Hergabe deines Selbst nie dein Ziel erreichen wirst. Wo immer du bist, was du auch tust und wie du es versuchen wirst, die elementare Wahrnehmung deines nackten Seins steht zwischen dir und deinem Gott. Natürlich mag Gott gelegentlich eingreifen und dich mit einer flüchtigen Erfahrung seines Seins beglücken. Von diesen Augenblicken jedoch abgesehen, wird die dunkle Wahrnehmung deines eigenen nackten Seins dein Bewusstsein erfüllen und wie eine Mauer stehen zwischen dir und Gott. Ähnlich war es zu Beginn dieser Übung, als die Aufmerksamkeit auf Einzelheiten deines Seins wie eine Mauer stand vor der direkten Wahrnehmung deines Seins. Bald wirst du spüren, welche schwere und schmerzhafte Last dein eigenes Selbst ist. Möge dir Jesus in jener Stunde helfen; du wirst ihn dringend brauchen.

Alle Last und alles Leid der Welt zusammen scheinen gering im Vergleich dazu; dann wirst du dir selbst das Kreuz sein. Aber das ist der Weg unseres Herrn und dies der Gehalt seiner Worte: ‚Er nehme sein Kreuz auf sich'… damit er mir später ‚in die Herrlichkeit folgen kann'…

Du siehst also, es ist notwendig, das schmerzhafte Kreuz des eigenen Selbst zu tragen. Dies allein wird dich vorbereiten auf die alles übersteigende Erfahrung Gottes, wie er ist, und auf die Vereinigung mit ihm in verzehrender Liebe."[7]

Wie aber wird diese Schranke überwunden? Wille, Sehnsucht und Liebe richten uns wohl auf das letzte aus, sind aber unfähig, uns direkt zum Ziel zu bringen. Auf dieser Ebene gibt es keine Willensakte mehr. Hingabe, Liebe und Streben nach Einheit sind hier zu einem Habitus geworden, der den Menschen durchdringt wie Durst. Sie müssen nicht willentlich aktiviert werden. Was schließlich ans Ziel bringen wird, ist die stete

Gebetsübung mit dem Leitwort, wie sie oben besprochen wurde. Das Zeichen dafür, dass man sich dem Ziel beharrlichen Strebens nähert, ist gemäß dem Verfasser der WOLKE das Sich-Einstellen schmerzlichsten Leidens, dessen Rolle es ist, die endgültige Reinigung zu vollziehen:

> „Ein starkes, geistiges Leid wird dir anzeigen, ob du einer Gnade völlig entsprichst.
> Doch verliere dich nicht in dieses Leid. Wenn es dich überfällt, achte darauf, dass du Leib und Seele nicht überlastest. Sitze entspannt und ruhig da, dem tiefen Leid ganz hingegeben. Dieses Leid ist nötig und gut. Wer es durchstehen muss, darf sich glücklich nennen. Zwar kennt jeder Mensch Kummer und Leid. Doch nur wer seines eigenen Seins innewurde, begreift den Grund für dieses tiefe, alles durchdringende Leid. Daneben verblasst jeder andere Kummer. Wer nicht nur erkennt, was er ist, sondern wer darüber hinaus seines tiefsten Seins gewahr wurde, der allein weiß, was wirklich Leid ist. Wer diese Erfahrung nicht macht, hat allein Grund, traurig zu sein, denn er weiß nichts von einem Leiden, das den Menschen von der Sünde und ihren Folgen befreit. Darüber hinaus befähigt es den Menschen zu einer Freude, die ihn schließlich über das Bewusstsein seiner selbst hinaushebt."[8]

Die Erfahrung der eigenen Unwürdigkeit ist in gewisser Weise die Vorstufe der Erfahrung des Nichts, der eigenen Nichtigkeit und der Nichtigkeit der gesamten Schöpfung. Und doch wird in diesem Nichts Alles gefunden:

> „Vergiss das ‚Überall' und das ‚Etwas'. Sie verblassen vor diesem gesegneten ‚Nirgendwo' und ‚Nichts'! Sorge dich nicht, wenn deine Sinne und Fähigkeiten dieses ‚Nichts' nicht erfassen. Es kann nicht anders sein. Dieses ‚Nichts' ist so groß und tief, dass es für sie nicht

erreichbar ist. Es lässt sich nicht erklären, nur erfahren. Wer noch nicht lange mit diesem ‚Nichts‘ vertraut ist, empfindet es dunkel und unergründlich. Was als tiefe Dunkelheit erfahren wird, ist in Wirklichkeit ein geistiges Licht, das diese Menschen blendet. Wer wird dieses ‚Nichts‘ wohl als ‚Leere‘ verspotten? Natürlich unser oberflächliches Selbst, nicht unser wahres Selbst. Unser wahres Selbst nennt es unermessliche Fülle. Denn in diesem Dunkel erkennen wir alles in einem, das Wesen aller körperlichen und geistigen Dinge, ohne unsere Aufmerksamkeit auf etwas im Einzelnen zu richten."[9]

Findet sich daher der Kontemplative auch im Dunkel und Feuer reinigenden Leidens, so versichert uns der Verfasser der WOLKE zugleich, dass sein Schüler zuzeiten auch das Gegenteil von Traurigkeit und Leid erfährt:

> „Manchmal kommt ihm dieses ‚Nichts‘ vor wie ein himmlisches Paradies – wegen der wunderbaren Stärkungen und dem unaussprechlichen Gefühl der Freude und des Gutseins, das er empfindet. Mitunter erlebt er dieses Dunkel als einen solchen Frieden und eine solche Ruhe, dass er glaubt, Gott selbst zu erfahren. Gleich, wie er dieses ‚Nichts‘ erfährt, bis zuletzt wird eine *Wolke des Nichtwissens* zwischen ihm und Gott bleiben."[10]

Es kann darüber kein Zweifel bestehen, dass die letzte Stufe vor dem entscheidenden Durchbruch — wie der gesamte kontemplative Weg überhaupt — ein Weg schmerzhafter Reinigung, aber auch tiefer innerer Freude und Sicherheit ist.
Der Durchbruch zur letzten Erfahrung liegt jenseits menschlicher Fähigkeiten. Seiner Natur nach ist er reines Geschenk. Sehr oft vollzieht er sich in Augenblicken außerhalb der Gebetszeiten. Es sind nicht wenige, bei denen er sich bei Nacht ereignet, so dass sie bei einem plötzlichen Erwachen erfahren, dass ihnen Alles geschenkt worden ist. Manchen werden die Augen

beim Lesen eines Schriftverses geöffnet, obwohl sie denselben Vers früher vielleicht schon unzählige Male gelesen hatten. Selbst inhaltlich brauchte er nichts besonderes anbieten zu können, und doch erhellen sich plötzlich beim Lesen die Zusammenhänge von Gott und Schöpfung. Oft ist es auch eine Melodie, ein Geräusch, der Anblick einer Blume, einer Landschaft, die zum unmittelbaren Anstoß werden. Wird der Mensch aber wie vom Blitz getroffen, dann weiß er mit Sicherheit, ohne jeden Zweifel – oft allerdings erst, nachdem die Erfahrung vorüber ist: Das ist es! (Vgl. EB III) So versichert auch Eckehart diesbezüglich im „Traktat vom edlen Menschen":

„Wenn der Mensch, die Seele, der Geist Gott schaut, so weiß und erkennt er sich auch als erkennend, das heißt: er erkennt, dass er Gott schaut und erkennt."[11]

Wenn dieser Augenblick gekommen ist, dann widerfährt dem Menschen, was der Verfasser des WEGES vorhergesagt hat:

„Du wirst Gott, deine Liebe, erkennen. Geistig eins geworden in der Liebe, wirst du ihn unverhüllt in der innersten Tiefe deines Geistes erfahren. Völlig entblößt von deinem Selbst und einzig in ihn gehüllt, wirst du ihn erkennen, wie er ist, ohne Trübung durch Glücksempfindungen, wären es auch die beglückendsten und höchsten, die auf Erden möglich sind. Dieses Erkennen ist dunkel, weil es in diesem Leben so sein muss. Doch in der klaren Lauterkeit deines ungeteilten Herzens fern vom Wahn und Irrtum, dem jeder ausgesetzt ist, wirst du spüren und erkennen, fern jeder Täuschung, dass es Gott selbst ist, so wie er wirklich ist. Der Mensch, der Gott in seiner unverhüllten Wirklichkeit schaut und erfährt, ist darin von Gott so wenig getrennt wie Gott selbst von seinem eigenen Sein aufgrund seiner Natur; so ist die Seele, die ihn schaut und erkennt, eins mit ihm, jedoch aufgrund der Gnade."[12]

## 2. ASPEKTE DER TIEFENERFAHRUNG

### Ego und Selbst

„Wenn aber die Seele erkennt, dass sie Gott erkennt," sagt Eckehart, „so gewinnt sie zugleich Erkenntnis von Gott und von sich selbst."[13] Diese Worte des mittelalterlichen Mystikers implizieren, dass man nicht ist, was man zu sein scheint, weil die Identität des Menschen nicht an der Oberfläche liegt. Das empirische Ich, das das Tagesbewusstsein als Wirklichkeit vorstellt, ist nicht das wahre Selbst, der wahre Urgrund oder Wesensgrund. Das Ego ist ein „Trugbild", dessen Konstruktion auf der lebenslänglichen Interaktion von Körper und Psyche und deren zahlreichen Fähigkeiten beruht. Es ist ein vom Menschen selbst aufgebauter Komplex, der keinen Bestand in sich selbst hat. Mit dem Tod wird das Ego verschwinden. Auch die intellektuellen Fähigkeiten werden am Tod des Körpers teilnehmen. Der Tod ist nichts anderes als die Auflösung des empirischen Ich. Er wird das wahre Selbst zu einer Existenz befreien, die wir Christen ,Himmel, ewiges Leben, Anschauung Gottes' nennen.

Es sei eigens betont, dass das Ego absolut positiv zu sehen ist. Es gehört zur menschlichen Geschöpflichkeit. Es macht das Menschsein aus. Es geht hier auch in keinem Fall um eine Unterdrückung des Rationalen, vielmehr darum, es wieder stärker an das wahre Selbst anzuschließen. Das wahre Selbst möchte sich ungehindert im Ego ausdrücken, aber der Ego-Komplex ist die Neigung, sich autonom zu setzen und seinen wahren Ursprung zu verschleiern. Er ist in sich gut, wie die Schöpfung in sich gut ist. In der Kontemplation soll ihm jedoch seine verdunkelnde Tendenz genommen werden. Auch am Ego, der zeitlichen Form des Menschen, soll sichtbar werden, dass es Leben Gottes ist.

Für die meisten Menschen ist der Weg zum Ziel ein sehr langer Weg, obwohl er nicht zu neuen Ufern führt. Man kommt dort an, wo man immer war. Wie vieles im mystischen Bereich klingt dies paradox, und doch erkennt der zu seinem wahren Selbst Durchgestoßene, dass er nur das gefunden hat, was immer da war. Der Anfänger hat zwar oft das Gefühl, als stünde eine Mauer zwischen ihm und Gott. Kommt er jedoch ans Ziel, erkennt er, dass es nie eine Mauer gab. Er konnte nur die anwesende Wirklichkeit nicht „sehen". Eckehart benutzt die Tätigkeit des Bildhauers als Beispiel, um das klar zu machen:

> „Wenn ein Meister ein Bild macht aus Holz oder Stein, so trägt er das Bild nicht in das Holz hinein, sondern er schnitzt die Späne ab, die das Bild verborgen und verdeckt hatten, er gibt dem Holze nichts, sondern er benimmt und gräbt ihm die Decke ab und nimmt den Rost weg, und dann erglänzt, was darunter verborgen lag. Dies ist der Schatz, der verborgen lag im Acker, wie unser Herr im Evangelium spricht." (Matth.13,44)[14]

Johannes vom Kreuz erläutert die gleiche Wahrheit mit Hilfe von Sonnenstrahl und Fenster:

> „Ein Sonnenstrahl fällt auf ein Glasfenster. Ist das Fenster nun durch Flecken getrübt oder angelaufen, so kann der Strahl es nicht so erhellen und ganz in sein Licht umgestalten, wie wenn es frei von diesen Trübungen und durchsichtig wäre; vielmehr wird er es um so weniger erhellen, je weniger es von Trübungen und Flecken frei ist, und um so besser, je reiner es ist. Das liegt nicht am Strahl, sondern am Fenster."[15]

Kommt es zu einem wirklichen Durchbruch, dann gilt, worauf in der Einleitung dieses Kapitels schon hingewiesen worden ist: Es gibt weder einen, der erfährt, noch einen, der erfahren wird; d. h. im reinen Tiefenbewusstsein erfährt sich der Erfahrende als eins mit dem Erfahrenen. „Das Gleiche, was da hört, ist dasselbe, was da gehört wird im ewigen Wort," sagt Eckehart.[16]

„Das Auge, in dem ich Gott sehe, das ist dasselbe Auge, darin mich Gott sieht; mein Auge und Gottes Auge, das ist ein Auge und ein Erkennen und ein Lieben."[17]

Wenn das Sein selbst berührt wird, kann der Mensch nicht mehr sagen: „Ich sehe, ich höre." Die Erinnerung an die Erfahrung ist nicht: „Ich war eins mit Gott", sondern: „Ich war Gott." (Vgl. EB IV,9). Jedoch wissend um die Außergewöhnlichkeit seiner Botschaft, fühlt Eckehart die Notwendigkeit, seine berühmte Predigt „Beati Pauperes" (Selig sind die Armen im Geiste) mit folgenden Worten abzuschließen:

„Solange der Mensch dieser Wahrheit nicht gleicht, solange wird er diese Rede nicht verstehen. Denn es ist eine unverhüllte Wahrheit, die da gekommen ist aus dem Herzen Gottes unmittelbar."[18]

*Übersteigen des Dualismus*

Das Gegenüberstehen von Subjekt und Objekt ist überwunden. Wenn es noch einen Unterschied gibt, so sagt wiederum Eckehart, dann liegt er nicht im Sein selbst, sondern im Werden:

„… darum bin ich Ursache meiner selbst meinem Sein nach, das ewig ist, nicht aber meinem Werden nach, das zeitlich ist. Und darum bin ich ungeboren, und nach der Weise meiner Ungeborenheit kann ich niemals sterben. Nach der Weise meiner Ungeborenheit bin ich ewig gewesen und bin ich jetzt und werde ewiglich bleiben. Was ich meiner Geborenheit nach bin, das wird sterben und zunichte werden, denn es ist sterblich; darum muss es mit der Zeit verderben. In meiner (ewigen) Geburt wurden alle Dinge geboren; und ich war Ursache meiner selbst und aller Dinge, und hätte ich gewollt, so wäre weder ich noch wären alle Dinge; wäre aber ich nicht, so wäre auch ‚Gott‘ nicht: dass Gott ‚Gott‘ ist, dafür bin ich die Ursache; wäre ich nicht, so wäre Gott nicht ‚Gott‘."[19]

Dem irdischen Sein nach existiert der Mensch nur als „Gewirkter", so wie der Ast vom Baum gewirkt wird[20] und der Bach von der Quelle. Aber dem ewigen Sein nach, d. h. dem Leben nach, das durch Baum und Ast in gleicher Weise strömt, gibt es keinen Unterschied. Gäbe es keinen Ast, dann hätte auch der Baum keine Existenz.

Die Dinge haben in sich selbst keinen Bestand, denn sie sind leer. Eckehart nennt sie ein reines Nichts: „Alle Kreaturen sind in sich selbst nichts."[21] Ihre Existenz haben sie von Gott, der sie „wirkt", im Sein erhält. Weil das empirische Ich ihnen eine selbständige Existenz verleiht, erfährt man sich von den Dingen getrennt. Das empirische Ich ist Ursache dieses Dualismus. Er ist aber eine Täuschung, eine Illusion. Der Erleuchtete durchschaut vor allem diese Selbsttäuschung und erkennt, dass das Leben Gottes eins ist, eine fortgesetzte Schöpfung.

Sein wahres Selbst finden, heißt göttliches Leben finden. Leben aber ist nicht aufteilbar in Objekte. Leben ist immer ganz und eins. Es eint mit Gott und mit dem ganzen Universum. Alle haben am gleichen Leben teil. Wird daher das wahre Selbst erfahren, erfährt man göttliches Leben, d. h. alles, denn „alles" ist, in der Sprache Eckeharts, „Gewirktsein" aus göttlichem Leben.

*Zeitlosigkeit*

Neben dem Erlebnis der Einheit steht in der Kontemplation auch das der Zeitlosigkeit (Vgl. EB 1,50). Mystik lebt daher in der Gegenwart, was nicht heißt, dass das göttliche Leben nicht ein hohes Ziel in sich trägt; aber dieses Telos hat keinen temporalen Charakter. Mystik lebt in der Gegenwart, sie ist die Selbsterfahrung im ewigen Jetzt. Eckehart sagt:

„Wenn der Mensch erhoben ist über die Zeit in die Ewigkeit, so wirkt dort der Mensch ein Werk mit Gott. Manche Menschen fragen, wieso der Mensch die Werke wirken könne, die Gott vor tausend Jahren gewirkt hat und nach tausend Jahren wirken wird, und verstehen's nicht. In der Ewigkeit gibt es kein Vor und Nach. Darum, was vor tausend Jahren geschehen ist und nach tausend Jahren (geschehen wird) und jetzt geschieht, das ist *eins* in der Ewigkeit. Darum, was Gott vor tausend Jahren getan und geschaffen hat und nach tausend Jahren (tun wird) und was er jetzt tut, das ist nichts als *ein* Werk.

Darum wirkt der Mensch, der über die Zeit erhoben ist in die Ewigkeit, mit Gott, was Gott vor tausend und nach tausend Jahren gewirkt hat. Auch dies ist für weise Leute eine Sache des Wissens und für grobsinnige eine Sache des Glaubens."[22]

An anderer Stelle umschreibt er diese Erfahrung nochmals:

„Es gibt ein oberstes Teil in der Seele, das steht erhaben über die Zeit und weiß nichts von der Zeit noch vom Leibe. Alles, was je geschah vor tausend Jahren – der Tag, der vor tausend Jahren war, der ist in der Ewigkeit nicht entfernter als der Zeitpunkt, in dem ich jetzt eben stehe, oder (auch) der Tag, der nach tausend Jahren oder so weit du zählen kannst, kommen wird, der ist in der Ewigkeit nicht entfernter als dieser Zeitpunkt, in dem ich eben jetzt stehe."[23]

## 3. ERLEUCHTUNGSERLEBNIS UND INDIVIDUALITÄT

Die zeitgenössische Psychologie sagt uns, dass der Mensch seine Umgebung nicht vollkommen objektiv wahrnehmen kann. Lange meinte man, dass der Mensch das, was die Außenwelt an ihn heranträgt, aufnimmt und zu einem Ganzen zusammensetzt. Heute weiß man dagegen, dass jeder Mensch eine individuelle Art des Aufnehmens hat. Je nach den ihm eigenen Konzepten, Erwartungen, Stimmungen selektiert er. Kulturelle Zusammenhänge, Alter, Bildungsstand, die religiöse Vorstellungswelt und vieles mehr spielen dabei eine Rolle. In der Psychologie gilt daher: Wenn zwei das Gleiche erfahren, nehmen sie doch nicht das Gleiche auf. Es sind nur bestimmte Aspekte, die aufgenommen werden. Es bleibt daher wahr, was Paulus an die Korinther schrieb: „Stückwerk ist unser Erkennen und Stückwerk unser Prophezeien." (l Kor 13,9) Die Erfahrung ist wie Wasser, das in verschiedenfarbige Gläser gegossen wird; es nimmt die Farbe der Gläser an. Dazu kommt noch, dass die Erfahrung mehr oder weniger tief und mehr oder weniger umfassend sein kann.

Mit anderen Worten: Das wahre Selbst oder das Göttliche im Menschen kann immer nur durch das Ego verbalisiert werden. Der Ausdruck bleibt immer Ego-bedingt und darf nie absolut gesetzt werden. Absolut ist nur die Wahrheit, auf die der Ausdruck hinweist. Gott, die letzte Wahrheit, ist gleichsam der weiße Lichtstrahl. Das Ego des Menschen ist wie ein Prisma, das das weiße Licht in die Farben des Regenbogens zerlegt. Das Ego kann den weißen Lichtstrahl nicht wahrnehmen. Es sieht immer nur Farben. Deshalb ist die Artikulierung der Erfahrung bruchstückhaft und individuell. Bilder und Begriffe bleiben relativ. So ist es auch müßig zu fragen, ob das Erfahrene Person, Leben oder Liebe ist. Person, Leben, Liebe sind gleichsam nur die Farben des vom Prisma gebrochenen weißen Lichtstrahls. Jede Verbalisierung setzt gedankliche Formulierungen voraus, die nur möglich werden, nachdem die Erfahrung in die individuelle Persönlichkeitsstruktur eingeflossen ist. Die Erfahrung selbst ist ein Innewerden, das vor allem intellektuellen Begreifen liegt. Begriffe sind unzureichend, das zu erfassen, was ihr Ursprung ist. Denke ich z. B. „eins", bin ich gezwungen, eins im Gegensatz zu mehreren, anderen oder vielen zu denken. Denke ich „leer", so kann ich das nur im Gegensatz zum Konzept „voll". Auch wenn ich „Person" denke, kann ich es nur in Abhebung von anderen Personen. Daher ist die Erfahrung, von der ich eine konzeptuelle Vorstellung habe, nicht mehr die Erfahrung selbst.

Erfahrung kann aus diesem Grund auch nicht vermittelt werden. Man kann nur zu einer Erfahrung erwachen. Auch der Meister kann nur helfen, zu einer Erfahrung zu gelangen. Er erkennt auch deren Tiefe, aber nicht so sehr aus Erklärungen von Seiten des Schülers, der Schülerin sondern aus Hinweisen, die aus der augenblicklichen Situation fließen.

Die echte Erfahrung übersteigt logisches und diskursives Denken, denn sie vollzieht sich auf einer vollkommen andersartigen Ebene des Innewerdens. Über Mystiker, Mystikerinnen und deren Schriften sollte daher nur sprechen, wer wenigstens eine mystische Intuition hat, wie ja auch Paulus fordert, dass die Rede dessen, der in Sprachen spricht, von einem anderen, der sie versteht, ausgedeutet werde.[24]

Eckehart rät mit allem Ernst:

> „Willst du Gott auf *göttliche* Weise wissen, so muss dein Wissen zu einem reinen Unwissen und einem Vergessen deiner selbst und aller Kreaturen werden. Nun könntest du sagen: Je nun, Herr, was soll denn meine Vernunft tun, wenn sie so ganz ledig stehen muss ohne alles Wirken? Ist dies die beste Weise, wenn ich mein Gemüt in ein nichterkennendes Erkennen erhebe, das es doch gar nicht geben kann? Denn, erkenne ich etwas, so wäre das kein Nichterkennen und wäre auch kein Ledig- und Bloß-Sein. Soll ich denn also völlig in Finsternis

stehen? – Ja, sicherlich! Du kannst niemals besser dastehen, als wenn du dich völlig in Finsternis und in Unwissen versetzest."[25]

An anderer Stelle versichert Eckehart, dass die suchende menschliche Vernunft kein Instrument ist, um zu einer Tiefenerfahrung kommen zu können:

> „Soll Gott gesehen werden, so muss es in einem Lichte geschehen, das Gott selbst ist. Über dieser Vernunft aber, die (noch) sucht, ist (noch) eine andere Vernunft, die da nicht (mehr) sucht, die da in ihrem lautern, einfältigen Sein steht, das in jenem Lichte umfangen ist. Und ich sage, dass in jenem Lichte *alle* Kräfte der Seele sich erhöhen."[26]

Es geht in der Tiefenerfahrung also darum:

> „… dass die Seele in die erste Lauterkeit eingebildet wird, in den Eindruck der lauteren Wesenheit, wo sie Gott schmeckt, ehe er Wahrheit oder Erkennbarkeit annimmt, dort, wo alle Nennbarkeit abgelegt ist; dort erkennt sie am allerlautersten, dort nimmt sie das Sein in voller Gemäßheit."[27]

## 4. Einheit und Vielheit – Gott und Schöpfung

Auf logischer Ebene kann eins nicht zwei sein, kann Zeit nicht zugleich Zeitlosigkeit sein, wohl aber auf der Ebene der religiösen Erfahrung. Das logische Denken, das rationale Schlüsse zieht, unterscheidet zwischen Ruhe und Dynamik. Es sieht sie als zwei; in der Tiefenerfahrung, wenn der Mensch sich – wie Eckehart sagt – vergisst, erfährt er Ruhe und Dynamik als Eines.

Jeder Mensch hat eine rechte und eine linke Seite. Wir reden sogar von Rechtshändern und Linkshändern. Aber kein Mensch erfährt sich deshalb als „halbseitig". Vielmehr erfährt er sich als Einheit. Der Mensch hat zwei deutlich unterscheidbare Seiten. So lässt sich auch die Schöpfung erläutern. Gott ist Alles, er umfasst Zeit und Ewigkeit. Deshalb kann auf einer tieferen Ebene der Erfahrung eins auch zwei sein, Subjekt gleich Objekt. Eine solche Formulierung der Erfahrung klingt naiv, kommt der Wahrheit aber wohl näher als so manche theologische Konstruktion.

Das wahre Selbst und das menschliche Ego haben komplementäre Züge. Im Menschen verbinden sich Geist und Materie, Gott und Schöpfung zur Harmonie. Wer sich selbst erfährt, erfährt Einheit. Die Erfahrung der Einheit ist Erfahrung des Ganzen. Mensch und Natur werden nicht als zerstreute Einzeldinge, abgetrennt von einer tieferen Wirklichkeit, erkannt, sondern als organisches Ganzes und als Ausdruck der Einheit. Jeder Punkt von Raum und Zeit, jedes „Einzelne", reflektiert das Ganze.

Die eine Wirklichkeit, Gott, differenziert sich in den vielen Dingen und bleibt doch eins. So sagt Eckehart:

> „Und wahrlich, wärest du recht Eins, so bliebest du auch Eins im Unterschiedlichen, und das Unterschiedliche würde dir Eins und vermöchte dich nun ganz und gar nicht zu hindern. Das Eine bleibt gleichmäßig Eins in tausendmal tausend Steinen wie in vier Steinen, und Tausendmaltausend ist ebenso gewiss eine einfache Zahl, wie (die) Vier eine Zahl ist."[28]

Die Differenzierung kommt aus der Einheit. Sie ist eine Selbstdarstellung dieser Einheit. Gott ist ein Prozess. Er faltet sich ein und faltet sich aus: Er ist ein-fältig und viel-fältig. So sollte wohl auch der Schöpfungsbericht verstanden werden. Schöpfer und Geschöpf sind eine Wesenseinheit. Da ist keiner, der etwas aus Nichts macht, es sei denn, man nimmt dieses Nichts positiv

als letzte Wirklichkeit aller Dinge. Gott manifestiert sich in den vielen Daseinsformen. Schöpfung ist hier und jetzt. Sie ist ein Vorgang ohne Anfang und Ende. Und daher ist die Schöpfung so alt wie Gott, wie Eckehart sagt: „Sobald Gott war, sobald hat er auch die Welt erschaffen."[29]
Erleuchtung ist die Erhellung der Zusammenhänge dieser Welt. Ist das letztlich nicht auch Erlösung? Erfahrung der Einheit des Lebens über Geburt und Tod hinaus? „Tod, wo ist dein Sieg?" Da ist kein Tod, da ist nur Leben (Vgl. EB IV, 10). Dass etwas sterben könnte, ist für den Mystiker eine Ungeheuerlichkeit. Auch der Tod ist das Leben Gottes. Er gehört zum Einfalten und Ausfalten Gottes.
Während unser Tagesbewusstsein die Dinge in ständiger Isolation aussortiert, wird dem Menschen in der Erleuchtungserfahrung seine Einheit mit den Dingen bewusst. Für manchen Mystiker ist das Wort „Einheit" nicht die rechte Wiedergabe seiner Erfahrung. Er sagt lieber: „Nicht-zwei, nicht-eins", treffender ist vielleicht „Nicht-Dualismus". Aber alle Verneinung und die Verneinung der Verneinung sind noch Konzepte, die gelassen werden müssen. Und so kann auch die negative Theologie nur bis an die Grenze der Erfahrung führen.
Bei solcher Rede befällt manche christlichen Theologen die Angst vor der Nivellierung des Unterschiedes zwischen Gott und Schöpfung. Alle Häresien der Kirchengeschichte werden da angeblich neu heraufbeschworen: Monismus, Pantheismus, Gnostizismus, Pelagianismus und Emanationslehre. In der Erleuchtungserfahrung aber haben alle diese Begriffe keine Relevanz. Sie werden überstiegen. Sie sind einengende intellektuelle Bausteine, die auf dieser Erfahrungsebene nicht brauchbar sind.
Karl Rahner drückt die Schwierigkeit der Verbalisierung so aus:

„Man hat schon gesagt, dass der Christ der Zukunft ein Mystiker sei oder nicht mehr sei. Wenn man unter Mystik nicht seltsame parapsychologische Phänomene versteht, sondern eine echte, aus der Mitte der Existenz kommende Erfahrung Gottes, dann ist dieser Satz sehr richtig und wird in seiner Wahrheit und seinem Gewicht in der Spiritualität der Zukunft deutlicher werden. Nach der Schrift und richtig erfasster kirchlicher Lehre kommt nämlich die letzte Glaubensüberzeugung und -entscheidung letztlich nicht bloß aus einer von außen kommenden lehrhaften Indoktrination, die von einer profanen oder kirchlichen Öffentlichkeit abgestützt wird, noch aus einer bloßen fundamental-theologischen, rationalen Argumentation, sondern aus der Erfahrung Gottes, seines Geistes, seiner Freiheit, die aus dem Innersten der menschlichen Existenz aufbricht und da wirklich erfahren werden kann, auch wenn diese Erfahrung nicht adäquat reflektiert und verbal objektiviert werden kann.

Geistbesitz ist nicht eine Sache, deren Gegebenheit uns nur von außen lehrhaft indoktriniert wird als eine Wirklichkeit jenseits unseres existentiellen Bewusstseins..., sondern wird von innen her erfahren.

Der einsame Christ im schweigenden Gebet..., in der Nacht der Sinne und des Geistes, wie die Mystiker sagen, ... macht die Erfahrung Gottes und seiner befreienden Gnade, vorausgesetzt nur, dass er diese eben nur angedeuteten Erfahrungen annimmt und ihnen nicht in einer letztlich schuldhaften Angst davonläuft; er macht diese Erfahrung, selbst wenn er sie nicht noch einmal interpretieren und theologisch etikettieren könnte."[30]

Christliche Theologie wird in Zukunft stärker von der Einheit ausgehen müssen. Die Schwierigkeit liegt darin, dass man diese Einheit nicht begrifflich verstehen darf, weil sie sonst schon etwas anderes als das Angesprochene ist. So wie der Begriff „Leben" nur die Wirklichkeit „Leben" andeuten kann. Leben selbst ist nicht fassbar. Es ist nur erfahrbar im Lebendigen.
In seinem tiefsten Innern hat der Mensch die Ahnung nicht verloren, dass er zu Gott gehört. Bewusst und unbewusst sucht er ihn. „Bild Gottes", „Kind Gottes", „Reich Gottes in euch",

das ist die Verfasstheit des Menschen. Nur wer sich von Gott abgesondert hat, wer sich als Monade sieht, gerät in Angst vor Gott. Wer sich als eines Wesens mit ihm erfährt, als Kind Gottes, wird sich vor Gott nicht fürchten. Er wird sich selbst wie alle Menschen und die ganze Schöpfung lieben. Wollte Jesus uns das nicht sagen, als er vom Vatergott und seinen Kindern sprach, die sein Wesen, nämlich das Reich Gottes, in sich tragen? Wer in der Tiefenerfahrung steht, der hat nicht einen Gott: Er ist Kind Gottes, ist aus Gott geboren.

# 4. KAPITEL

# PERSONALISIERUNG DER ERFAHRUNG

## 1. ZIEL DER KONTEMPLATION

Ist jemand zu einer Erleuchtungserfahrung durchgestoßen, könnte er meinen, er sei am Ziel der Kontemplation. Es ist nicht so. Zwar neigt man im allgemeinen dazu, mystische Menschen an ihren Ekstasen, Prophetien, Wunderkräften und Visionen zu messen, doch haben die echten Mystiker aller Zeiten und Zonen diesen Begleiterscheinungen kaum Beachtung geschenkt. Sie übergehen sie ganz oder warnen sogar vor ihnen. Auf keinen Fall sind Begleiterscheinungen dieser Art Anzeichen für Tiefe oder Echtheit der Erfahrung. Sofern mystische Erfahrung Anspruch auf Echtheit erheben will, muss sie frei und unberührt von all diesen Erscheinungen sein.

Die WOLKE DES NICHTWISSENS spricht in Kapitel 71 von dem, was wohl das Ziel der Kontemplation ist, nämlich die gleichzeitige Erfahrung zweier Bewusstseinszustände. Während diese Erfahrung für manche nur mühsam und selten zu erreichen ist, wird sie anderen als anhaltender Zustand zuteil. Wörtlich heißt es:

> „... es gibt Leute, die können nicht ohne zahlreiche und lange geistliche Übungen dazu kommen und dann trotzdem nur selten und obendrein auch nur, wenn unser Herr sie ruft, die Vollendung dieses Werkes zu fühlen. Dieser Ruf aber heißt Entrückung. Dagegen gibt es andere, die so mit Gnade und Geist erfüllt und so innig mit Gott in dieser Gnade der Kontemplation verbunden sind, dass sie in normaler seelischer Verfassung dazu

kommen, wann sie wollen, ob sie nun stehen oder gehen, sitzen oder knien. Und gleichzeitig bleiben sie all ihrer Sinne vollkommen mächtig, sowohl der leiblichen als auch der geistigen, und sie können diese gebrauchen, wie sie wollen, zwar nicht völlig ohne Behinderung, doch ohne große Behinderung."[1]

Im eigentlichen Zustand der Kontemplation werden beide Bewusstseinszustände gleichzeitig erfahren: der Zustand der Erleuchtung und der des Tagesbewusstseins. Mit anderen Worten: Die Erfahrung ist in die Gesamtpersönlichkeit integriert worden. Es gibt keine Trennung mehr zwischen sakral und profan, zwischen vita activa und vita contemplativa. Alles ist sakral. Oder – wem das lieber ist: nichts ist sakral. Angelus Silesius formulierte das auf seine eigene Art: „Gott tut im Heil'gen all's, was der Heil'ge tut: Gott geht, steht, liegt, schläft, wacht, isst, trinkt, hat guten Mut."
Eckehart kennzeichnet diesen Zustand noch treffender:

„Ein Mensch gehe übers Feld und spreche sein Gebet und erkenne Gott, oder er sei in der Kirche und erkenne Gott: Erkennt er *darum* Gott mehr, weil er an ruhiger Stätte weilt, so kommt das von seiner Unzulänglichkeit her, nicht aber von Gottes wegen; denn Gott ist gleicherweise in allen Dingen und an allen Stätten und ist bereit, sich in gleicher Weise zu geben, soweit es an ihm liegt."[2]

Nach Eckehart ist der Mensch am Ziel, der nicht einmal mehr Stätte für das Wirken Gottes ist, der einfach in sich selbst Gott Gott sein lässt, ohne ihn durch seinen menschlichen Willen zu behindern. Wörtlich sagt er:

„Nun gebt hier genau Acht! Ich habe es (schon) oft gesagt, und große Meister sagen es auch: Der Mensch solle aller Dinge und aller Werke, innerer wie äußerer, so ledig sein, dass er eine eigene Stätte Gottes sein könne. Jetzt aber sagen wir anders. Ist es so, dass der Mensch aller Dinge ledig steht, aller Kreaturen und seiner selbst *und* Gottes, steht es aber noch so mit ihm, dass Gott in ihm eine Stätte zum Wirken findet, so sagen wir: Solange es das noch in dem Menschen gibt, ist der Mensch (noch) nicht arm in der eigentlichsten Armut. Denn Gott strebt für sein Wirken nicht danach, dass der Mensch eine Stätte in sich habe, darin Gott wirken könne; sondern *das* (nur) ist Armut im Geiste, wenn der Mensch *so* ledig Gottes und aller seiner Werke steht, dass Gott, dafern er in der Seele wirken wolle, jeweils *selbst* die Stätte sei, darin er wirken will, – und dies täte er (gewiss) gern. Denn, fände Gott den Menschen *so* arm, so *wirkt* Gott sein eigenes Werk, und der Mensch *erleidet* Gott so in sich, und Gott ist eine *eigene* Stätte seiner Werke; der Mensch aber ist ein reiner Gott-Erleider in seinen (d. h. Gottes) Werken angesichts der Tatsache, dass Gott einer ist, der *in sich selbst* wirkt. Allhier in dieser Armut erlangt der Mensch das ewige Sein (wieder), das er gewesen ist und das er jetzt ist und das er ewiglich bleiben wird."[3]

In Bezug auf den menschlichen Willen betont er:

„Solange der Mensch dies noch an sich hat, dass es sein *Wille* ist, den allerliebsten Willen Gottes erfüllen zu *wollen*, so hat ein solcher Mensch nicht die Armut, von der wir sprechen wollen; denn dieser Mensch hat (noch) einen Willen, mit dem er dem Willen Gottes genügen will, und das ist *nicht* rechte Armut. Denn, soll der Mensch wahrhaft Armut haben, so muss er seines geschaffenen Willens so ledig sein, wie er's war, als er noch nicht war. Denn ich sage euch bei der ewigen Wahrheit: Solange ihr den *Willen* habt, den Willen Gottes zu erfüllen, und Verlangen habt nach der Ewigkeit und nach

Gott, solange seid ihr nicht richtig arm. Denn nur das ist ein armer Mensch, der *nichts* will und *nichts* begehrt."[4]

Ganz im Sinne Eckeharts könnte man sagen: Wer nur über Gott nachdenkt und nur an ihn glaubt, nur überzeugt ist, dass er existiert, der „hat" Gott nicht wirklich. Erst der „hat" Gott, der ihn lebt. Je mehr einer aber Gott lebt, um so mehr vergisst er ihn (Vgl. EB II). Er hat ja auch zu Gott gebetet, dass Gott ihm helfe, seiner, Gottes, ledig zu werden. Das Leben quillt aus seinem eigenen Grund. Es lebt, damit es lebe; es wirkt, damit es wirke. So lehrt Eckehart:

> „Wann die Seele Gott rein nur schaut, da nimmt sie all ihr Wesen und Leben und schöpft, was immer sie ist, aus dem Grunde Gottes: und weiß doch von keinem Wissen, keinem Lieben, noch sonst wovon. Sie gestillet ganz und gar im Wesen Gottes, sie weiß von nichts, als nur mit Gott zu wesen. Sobald sie aber bewusst wird, dass sie Gott schaut und liebt und erkennt, das ist bereits ein Herausschlagen."[5]

Ist Gott wirklich Gott im Menschen, und erfährt sich der Mensch als Manifestation Gottes, dann hat er selbst die Ekstase vergessen. Der wirklich Erleuchtete hat vergessen, dass er erleuchtet ist. Alle mystischen Ambitionen und kontemplativen Konzepte sind ihm entfallen. Er ist Mensch als einer unter vielen anderen. Er hat seine Erfahrung vergessen. Statt dessen lebt er sie. An Stelle des Redens über seine Erfahrungen handelt und spricht er aus seiner Erfahrung.

## 2. MARTHA ALS VORBILD DES MEISTERS

Von hier aus lässt sich auch Eckeharts eigenwillige Auslegung der Geschichte von Maria und Martha verstehen. Der wichtigste Text aus der Predigt 28, die diesem Abschnitt aus dem Lukasevangelium gewidmet ist, spricht vom Verhältnis des Mystikers zu den Dingen:

> „Du stehst *bei* den Dingen, nicht aber stehen die Dinge *in dir.* Die aber stehen sorgenvoll, die in allem ihrem Gewerbe *behindert* sind. Hingegen stehen die *ohne* Behinderung, die alle ihre Werke nach dem Vorbild des ewigen Lichtes ordnungsgemäß ausrichten. Ein ‚Werk‘ verrichtet man von außen, ein Gewerbe hingegen ist es, wenn man sich mit verständnisvoller Umsicht von innen her befleißigt. Und solche Leute stehen *bei* den Dingen und nicht *in* den Dingen. Sie stehen ganz nahe und haben doch nicht weniger, als wenn sie dort oben am Umkreis der Ewigkeit stünden."[6]

„Gewerbe" stand im Mittelalter der Bedeutung nach im Wortfeld von „wirken", wie es heute noch bei einer Webart, dem gewirkten Textil, zu finden ist. (Lexer). Wessen Leben „von innen her" gleichsam wie in ein Gewebe eingewoben und nach dem Vorbild des ewigen Lichtes ordnungsgemäß ausgerichtet verläuft, der steht ohne Behinderung. Martha ist der Menschentyp, dem diese tiefste Erfahrung eignet und der daher sein „Gewerbe", seine Beschäftigung, als Manifestation Gottes erlebt. Gott ist Gott in Martha und in ihren Handlungen.
Nicht die Verzückung ist daher das Entscheidende in der Mystik, sondern das Sehen und Erfahren der inneren Zusammenhänge von Gott, Mensch und Schöpfung im „Gewerbe" der Zeit. Eckehart hat Angst, Maria könnte auf halbem Weg stecken bleiben:

„Martha fürchtete, dass ihre Schwester im Wohlgefühl und in der Süße stecken bliebe und wünschte, dass sie würde wie sie (selbst)."[7]

Eine zeitweilige Ekstase oder ein Durchbruch mag eine wichtige Entwicklungsstufe auf dem Weg sein, aber sie sind nicht das Ziel. Wer „Gott" sagt, sagt auch „Welt". Die Welt ist Abbild Gottes, Ausdruck Gottes. Gott ist nach Eckehart nie ohne Abbild, der Vater nie ohne Sohn. Sohn aber ist nicht nur Jesus Christus, Sohn ist alles, was von Gott in ihm erschaffen ist. Schöpfung gehört daher zum Wesen Gottes, und er ist daher nie ohne Schöpfung. Schöpfung ist nach Eckehart nicht nur so alt wie Gott; sie wird auch bestehen, solange Gott „besteht". Schöpfung, unsere persönliche Existenz und unser Alltag sind nicht etwas, das überwunden werden muss, sondern das transparent werden muss als Manifestation des Göttlichen (Vgl. EB II). Eckehart drückt es so aus:

> „Die Leute wähnen, mehr zu haben, wenn sie die Dinge zu Gott hinzu haben, als wenn sie Gott ohne die Dinge hätten. Das aber ist unrichtig, denn alle Dinge zu Gott hinzu ist nicht mehr als Gott allein: Und wenn einer, der den Sohn hätte und den Vater mit ihm, wähnte, er hätte mehr, als wenn er den Sohn hätte ohne den Vater, so wäre das unrichtig. Denn der Vater *mit* dem Sohne ist nicht mehr als der Sohn allein, und wiederum der Sohn *mit* dem Vater ist nicht mehr als der Vater allein. Darum nimm Gott in allen Dingen, und das ist ein Zeichen dafür, dass er dich als seinen eingeborenen Sohn geboren hat und als nichts weniger."[8]

Es geht darum, Mensch zu werden, als Sohn, als Tochter geboren zu werden, Gott zu manifestieren hier und jetzt, konform zu sein mit dem Fluss des göttlichen Lebens, das uns und die Dinge hervorbringt. In der rechten Weise, in der Weise Gottes in der Welt sein, das ist das Ziel der Kontemplation.

Nicht immer zeigt sich Eckehart so stark als Mystiker wie in seiner „Bürgleinpredigt".[9] Hier gebraucht er die Gestalten von Jungfrau und Weib, um das Ziel des mystischen Weges zu erläutern.

„Jungfrau sein" bedeutet für ihn nichts anderes als eine ungetrübte mystische Erfahrung haben. In ihr werden die Dinge nicht so erfasst, wie der Verstand sie vorstellt, sondern sie werden als Leben Gottes erfahren. „Jungfrau" ist daher jener, der frei ist von „Ichbindungen", von konzeptuellen Vorstellungen und Begriffen. Diese nennt Eckehart „Bilder". Der Mensch hat viele „Bilder", die er „zu eigen ergriffen" hat, die er als seinen intellektuellen Besitz bezeichnet. Letztlich sind alle diese Bilder aus dem empirischen Ich stammende Bindungen an die Dinge. Sie hindern den Menschen, alles Geschöpfliche, einschließlich sich selbst, frei und gelöst in jedem Augenblick als Offenbarung Gottes zu erfahren; sie hindern ihn, „Jungfrau" zu sein. Hält er etwa an dem Begriff „Baum" fest, besitzt er „Baum" als „Bild" und ist daher gebunden. Er ist keine „Jungfrau". Er muss frei von dieser Ichbindung werden, denn der Mensch, der „Jungfrau" ist, ergreift „Baum" nicht als „Bild", als intellektuelle Abstraktion. Aus der Direktheit der Tiefenerfahrung erlebt er vielmehr „Baum" als formgewordenes Leben Gottes, dem der Verstand den Namen „Baum" gegeben hat. Der Mensch, der „Jungfrau" ist im Sinne Eckeharts, erlebt sich selbst und alles ihn Umgebende als das kontinuierliche Aufwallen göttlichen Lebens.

Was Eckehart mit „Jungfrausein" meint, hat eine Legende treffend dargestellt:

> „Eine Tochter kam zu einem Predigerkloster und verlangte nach Meister Eckehart. Der Pförtner sagte: ‚Wen soll ich ihm melden?' Sie sprach: ‚Ich weiß es nicht.' Er sagte: ‚Warum wisst Ihr das nicht?' Sie sprach: ‚Weil ich

weder ein Mädchen bin noch ein Weib noch ein Mann noch eine Frau noch eine Witwe noch eine Jungfrau noch ein Herr noch eine Magd noch ein Knecht.' Der Pförtner ging zu Meister Eckehart (und sprach): ‚Kommt heraus zu der wunderlichsten Kreatur, von der ich je hörte, und lasst mich mit Euch gehen und steckt Euren Kopf hinaus und sprecht: ‚Wer verlangt nach mir?' Er tat so. Sie sprach zu ihm, wie sie zum Pförtner gesprochen hatte. Er sprach: ‚Liebes Kind, deine Worte sind wahr und schlagfertig; erkläre mir genauer, wie du es meinst.' Sie sprach: ‚Wäre ich ein Mädchen, so stünde ich (noch) in meiner ersten Unschuld; wäre ich ein Weib, so würde ich das ewige Wort ohne Unterlass in meiner Seele gebären; wäre ich ein Mann, so böte ich allen Sünden kräftigen Widerstand; wäre ich eine Frau, so hielte ich meinem lieben, einzigen Gemahl die Treue; wäre ich eine Witwe, so hätte ich ein ständiges Sehnen nach meinem einzigen Geliebten; wäre ich eine Jungfrau, so stünde ich in ehrfürchtigem Dienst; wäre ich ein Herr, so hätte ich Macht über alle göttlichen Tugenden; wäre ich eine Magd, so hielte ich mich Gott und allen Kreaturen demütig unterworfen; und wäre ich ein Knecht, so stünde ich in schwerem Wirken und diente meinem Herrn mit meinem ganzen Willen ohne Widerrede. Von alledem miteinander bin ich keines und bin ein Ding wie ein ander Ding und laufe so dahin.' Der Meister ging hin und sagte zu seinen Brüdern: ‚Ich habe den allerlautersten Menschen vernommen, den ich je gefunden habe, wie mich dünkt'.“[10]

Dieser allerlauterste Mensch nennt nichts mehr sein Eigen; er hat alles von Gott. Aber dabei darf er nicht stehen bleiben. Er darf nicht Jungfrau bleiben. Das Empfangen ist nicht letztes Ziel der Mystik. Der Mensch muss „Weib" werden, d. h. er muss fruchtbar werden auf eine Weise, die die Gaben der Jungfräulichkeit in Dankbarkeit wieder gebiert in Gott:

„Dass der Mensch in sich *empfängt,*"[11] das ist gut, und in dieser Empfänglichkeit ist er Jungfrau. Dass aber Gott fruchtbar in ihm werde, das ist besser; denn Fruchtbarwerden der Gabe, das allein ist Dankbarkeit für die Gabe."[12]

Der jungfräuliche Mensch, der „Weib" ist im Sinne Eckeharts, lässt Gott in sich Gott sein. Gott ist Wirkender und Gewirktes zugleich. Das „Weib" bringt viele Früchte, und die Früchte sind Gottes Früchte, die mitgebärend hervorgebracht werden:

„Diese Frucht und diese Geburt bringt diese Jungfrau, die ein Weib ist, zustande, und sie bringt alle Tage hundertmal oder tausendmal Frucht, ja unzählige Male, gebärend und fruchtbar werdend aus dem alleredelsten Grunde; noch besser gesagt: Fürwahr, aus demselben Grunde, daraus der Vater sein ewiges Wort gebiert, aus dem wird sie fruchtbar mitgebärend... In dieser Kraft ist Gott ganz so grünend und blühend in aller der Freude und in aller der Ehre, wie er in sich selbst ist... Denn der ewige Vater gebiert seinen ewigen Sohn in dieser Kraft ohne Unterlass..."[13]

Diese Kraft, die alle Dinge gebiert, zu erfahren und zwar als ewiges „Nun", das ist die richtige Weise, in der Welt zu sein.

„Alle Dinge stehen wesenhaft" in diesem Menschen. „Darum empfängt er nichts Neues von künftigen Dingen..., denn er wohnt im Nun, allzeit neu, ohne Unterlass."[14]

In dem Wissen, dass das Gesagte nicht verstanden, sondern nur erfahren werden kann, bemerkt Eckehart gegen Ende dieser Predigt:

„Könntet ihr mit meinem Herzen erkennen, so verstündet ihr wohl, was ich sage; denn es ist wahr, und die Wahrheit sagt es selbst."[15]


## 4. DIE GLEICHHEIT DES BILDES LOBT SEINEN MEISTER


Der mystische Mensch, der Gott in sich Gott sein lässt, kommt ohne Zweifel sehr nahe der Erfüllung der christlichen Lebensbestimmung, die Paulus im Epheserbrief niederlegt: „Wir sind zum Lob seiner Herrlichkeit bestimmt." (Eph 1,12) Denn was lobt Gott? Eckehart erwidert ohne Zögern: „Das tut die Gleichheit... – Die Gleichheit des Bildes lobt seinen Meister wortlos."[16] Wahrscheinlich hat er dabei Gen 1,27 im Auge: „Gott schuf den Menschen nach seinem Bilde, nach dem Bilde Gottes schuf er ihn." Eckehart denkt an ein Spiegelbild. Der Spiegel ändert nichts. Er gibt wieder, was vor ihm steht. Er wirft das Antlitz des Menschen zurück, der in den Spiegel schaut. Was vom Spiegelbild gilt, bezieht sich in gleicher Weise auf das Werk eines Künstlers. Das Kunstwerk reflektiert das Wesen des Meisters, weil der Meister sich darin ausdrückt. Wollte das Bild anheben, seinen Meister mit Worten zu loben, über seine gelungene Verteilung von Farbe und Formen zu sprechen, dann lobte es ihn bei weitem weniger als durch die ihm eigene Ausdruckskraft seines einfachen „Soseins". Das Sosein des Bildes, wie es ist, lobt seinen Meister wortlos.
In Anwendung des Gesagten auf das Gebet des Menschen meint Eckehart daher: „Was man mit Worten zu loben vermag oder mit dem Munde betet, das ist etwas Geringwertiges."[17] Das mündliche Beten erscheint ihm geringer als das Lob, das der Mensch Gott darbringt durch sein „Sosein", durch sein Bild-Gottes-Sein. Gott wird am lautersten Lob und Ehre durch das erwiesen, was der Mensch ist. Eckehart beruft sich dabei auf das Wort Jesu: „Ihr betet, wisset aber nicht, was ihr betet. Es

werden noch wahre Beter kommen, die meinen Vater im Geist und in der Wahrheit anbeten." (Joh 4,22) Die wahren Beter lassen Gott in sich beten. „In sich beten lassen" bedeutet aber nicht, dass etwas im Menschen sei, das betet. Vielmehr ist es des Menschen „Sosein", seine als Ausdruck des Göttlichen erlebte Existenz und jede ihrer Tätigkeiten, die Gebet sind. Alle Gebetsworte sind doch nur Reflexionen über das Göttliche. Sie richten sich an das Göttliche, das im Menschen aktiv ist. Sie sind nur ein Stammeln und Stottern. Gott aufscheinen lassen in sich und allen Dingen, Gott aufblühend erleben, das ist die wirkliche Epiphanie Gottes. Gott in sich Gott sein lassen, wie Eckehart sagt:

> „Gott begehrt so sehr danach, dass du deiner kreatürlichen Seinsweise nach aus dir selber ausgehst, als ob seine ganze Seligkeit daran läge. Nun denn, lieber Mensch, was schadet es dir, wenn du Gott vergönnst, dass Gott Gott in dir sei?"[18]

Tauler spricht ähnlich von dieser Art des Lobgebetes:

> „Dieses Gotteslob überragt in unsagbarer Weise die beiden ersten Grade dadurch, dass bei Erkenntnis der unbegreiflichen Würde Gottes (diesem Lobe) von selbst alle Worte und Weisen entfallen, dass dieses Lob versinke und sich selbst entsinke und in Gott verschmelze, so dass er sich selber loben und sich selbst danken muss. Der Mensch, der auf solche Weise sich recht entsinkt, den wird Gott – das ist nicht zu besorgen – nicht auf ewig verlorengehen lassen."[18a]

## 5. Alle Dinge schmecken nach Gott

Es ist überflüssig zu sagen, dass der kontemplative Mensch ein volles „Ja" zur Schöpfung und zum Menschen spricht. Alles ist gut, so wie es ist. Die Schöpfung ist nicht ein Konstruktionsfehler. Sie kann nur gut sein, wenn Gott sich selber ausdrückt, sich selbst gebiert in allen Dingen. Der kontemplative Mensch ist daher seinsfroh und gibt selbst dem Bösen den rechten Platz. „In jedem Werk, auch im bösen, im Übel der Strafe ebenso sehr wie im Übel der Schuld, offenbart sich und erstrahlt Gottes Herrlichkeit."[19]

Ziel der Mystik ist daher der von der Tiefenerfahrung her erlebte und durchdrungene Alltag. Mystik drängt aus diesem Grund den Menschen auch nicht für immer in die Einsamkeit oder hinter Klostermauern. Das empfiehlt sich, oder ist sogar notwendig, für einige Zeit; aber es ist nicht das mystische Ideal, denn das Erfahren der Einheit mit dem göttlichen Leben in der eigenen Tiefe ist erst ein Anfang. Höhepunkt des mystischen Lebens ist dagegen das Erfahren der Einheit mit dem göttlichen Leben in allem Geschöpflichen, in allem Handeln und Planen, auch im intellektuellen Planen und Wirken. Nur von diesem Standpunkt aus ist auch der Starez zu verstehen, der russische Mönch, der das Kloster verlässt, um den Menschen zu dienen, wenn er einen bestimmten Grad der Vollkommenheit erreicht hat. Denn hat einer alle Grade der mystischen Entwicklung durchlaufen, gibt es für ihn keinen Unterschied mehr zwischen sakral und profan, Kirche und Stall, Kloster und Welt, Gebet und Arbeit, Actio oder Passio, Leid oder Freude. Diesem Menschen ist alles heilig, selbst der Abfall und der Dreck. Und wenn von manchen Heiligen erzählt wird, dass sie die Wunden der Aussätzigen küssten, ist der Grund dafür in der Tiefenerfahrung zu suchen und nicht in einer absonderlichen Aszese (Vgl. EB II,5). Eckehart lehrt ähnlich:

„Wer Gott so (d. h. im Sein) hat, der nimmt Gott göttlich, und dem leuchtet er in allen Dingen; denn alle Dinge schmecken ihm nach Gott, und Gottes Bild wird ihm aus allen Dingen sichtbar …
Dieser Mensch findet weit mehr Lob vor Gott, weil er alle Dinge als göttlich und höher erfasst, denn sie in sich selbst sind. Traun, dazu gehört … wirkliches Wissen darum, worauf das Gemüt gestellt ist mitten in den Dingen und unter den Leuten. Dies kann der Mensch nicht durch Fliehen lernen, indem er vor den Dingen flüchtet und sich äußerlich in die Einsamkeit kehrt; er muss vielmehr eine innere Einsamkeit lernen, wo und bei wem er auch sei. Er muss lernen, die Dinge zu durchbrechen und seinen Gott *darin* zu ergreifen und den kraftvoll in einer wesenhaften Weise in sich hineinbilden zu können."[20]

Es versteht sich von selbst, dass sich die Kunst, Gott in allen Dingen zu finden, nicht einfach von einem Tag zum andern erlernen lässt. Wie alles im geistlichen Leben, so braucht auch die Integration der Erleuchtungserfahrung in die Persönlichkeitsstruktur ihre Zeit. Eckehart vergleicht den langsamen Prozess mit dem Erlernen der Kunst des Schreibens:

„… zuerst muss er seine Gedanken auf jeden einzelnen Buchstaben richten und sich den sehr fest einprägen. Späterhin, wenn er dann die Kunst beherrscht, so bedarf er der Bildvorstellung und der Überlegung gar nicht mehr, und dann schreibt er frei und unbefangen."[21]

Gott in allen Dingen schmecken heißt das Wesen der Dinge selber schmecken: den Regen im Regen, das Feuer im Feuer, die Erde in der Erde; aber auch die Freude in der Freude und das Leid im Leid und den Tod im Sterben. Das ist wohl die höchste Stufe der mystischen Erfahrung, die letzte Wirklichkeit in den Dingen schmecken, was ja nichts anderes ist als

Gott schmecken (Vgl. EB IV). Es ist alles so wie es ist. Dieses Sosein der Dinge erfahren, das ist die Erfahrung Gottes. Nichts verweist hier auf ein Später, auf einen Himmel, der sein wird. Himmel ist jetzt, Auferstehung und Wiederkunft sind jetzt. Gott kennt nicht Zeit, nicht Raum.

Wer solche Sprache als „Naturmystik" abtut, verkennt die tiefste religiöse Erfahrung, die sich oft in nichtreligiöser Sprache äußert.

# 5. KAPITEL

# WANDEL DER PERSÖNLICHKEIT

## 1. Neugliederung der Lebenswerte

Unter den ersten Erfahrungen, die manchen auf dem Weg der
Kontemplation zuteil werden, sind jene der eigenen Unwürdigkeit und Sündhaftigkeit. Dabei stehen im allgemeinen nicht
bestimmte begangene Sünden im Vordergrund. Der Mensch erfährt sich vielmehr ganz allgemein als unwürdig. Er entspricht
nicht dem, was er ersehnt und was sich bereits ankündigt. Selten ist dies moralisch begründet. Der Mensch kommt sich wie
beschmutzt vor, ohne „hochzeitliches Gewand". Er steht vor
dem Heiligen, das durchzuleuchten beginnt und jeden Flecken
sichtbar macht, und das einst Mose befahl, die Schuhe auszu-
ziehen. Auch in der WOLKE DES NICHTWISSENS wird dieser
Zustand angesprochen:

> „Manchmal kann er keine einzige Sünde auf diesem
> Nichts aufgezeichnet finden, vielmehr erkennt er, ob-
> wohl er nicht genau weiß, wie die Sünde wirklich be-
> schaffen ist, dass sie ein Erdenkloß ist, der aus ihm selbst
> entspringt."[1]

Diese persönliche Undurchsichtigkeit und Undurchlässigkeit
rührt manche zu Tränen. Sie weinen, oder besser gesagt: Es
weint in ihnen. So gibt es auch heute noch das, was in Heiligen-
beschreibungen als „Gabe der Tränen" bezeichnet wird. Statt
der äußeren Tränen gibt es aber auch ein inneres Weinen, das
oft noch intensiver erfahren wird und das eine starke reinigende Kraft besitzt. Ein starkes Verlangen nach Sühne kann dann
im Menschen aufsteigen. Hier hat der geistliche Leiter eine

wichtige Aufgabe. Das „Sühnependel" darf nicht so weit aus-
schlagen, dass es den Fortschritt hemmt und die Erfahrung der
Verwandtschaft mit dem Göttlichen verzögert. Der Christ hat
hier im Erlöstsein durch Jesus Christus eine hilfreiche Kraft-
quelle.

Mit dem Bewusstsein der eigenen Unwürdigkeit beginnt sich
die persönliche Werteordnung neu zu gliedern. Es kommt zu
einer wirklichen Umkehr. Je mehr sich die Erfahrung auf dem
kontemplativen Weg vertieft, um so deutlicher wird auch das
neue Wertegefüge. Gott erhält nun die zentrale Stellung, und
das Leben wird nach diesem in Gott zentrierten Wertegefüge
gestaltet. Die Umschichtung der Werte führt allerdings nicht
selten zu einer neuartigen Beurteilung der eigenen Handlungen. Was einem vielleicht bis dahin dem Beichtspiegel gemäß
als schwere Sünde galt, wird nun anders bewertet. Verhaltensweisen, die man möglicherweise vorher kaum beachtete, werden nun als wirkliche Schuld empfunden. Es kann sich zeigen,
dass die neue Werteskala nicht unbedingt mit jener der Mitmenschen oder der einer religiösen oder kirchlichen Gemeinschaft übereinstimmt. Deshalb ist die Erziehung zur Freiheit
des Gewissens so wichtig. Der Mensch wird sonst schuldig,
weil er sich an Gebote hält, statt seinem Gewissen zu folgen.
Die dem kontemplativen Menschen erwachsende Freiheit und
Unabhängigkeit hat nichts mit spiritueller Anmaßung zu tun,
schon gar nicht mit Selbstüberheblichkeit. Durch die Tiefenerfahrung erscheint vielmehr der Weg so klar, dass er mit großer
Sicherheit begangen wird. Aus der eigenen Erfahrung werden
daher nur schwerlich Maßregeln für andere aufgestellt, etwa in
Form von Normen oder Verhaltensweisen. Wenn dies geschieht
ist das ist immer verdächtig, vor allem, wenn es gekoppelt ist
mit Prädestinationsgehabe oder esoterischem Getue.

## 2. Vertiefung des Sündenverständnisses

Sünde wird immer klarer als Selbstentfremdung erkannt, als Lebensversuch aus dem vordergründigen Ego. Am Gleichnis vom Vater mit den zwei Söhnen lässt sich der Vorgang in etwa ablesen. Der eine Sohn möchte sein eigener Herr sein. Er hat vergessen, dass er alles vom Vater hat. Das Ego gebärdet sich autonom, es hat vergessen, dass es aus dem wahren Selbst lebt. Es nimmt sich selbst in die Hand, es verwirklicht sich selbst. Aber diese Egoverwirklichung führt nicht zur Selbstfindung, sondern zur Selbstentfremdung, d. h. in die Einsamkeit, Verlorenheit und Sinnlosigkeit.

Hat der Sohn sich vom Vater getrennt, so gleicht er dem Rebzweig, der vom Weinstock abgeschnitten ist. Er bringt keine Frucht. Er gleicht dem vertrockneten Bach, der von der Quelle getrennt ist. Absonderung von der Quelle aber macht lebensfeindlich. Es gilt, das „Unnatürliche" dieser Loslösung zu erkennen. Die einzelne Sünde ist dann nur noch das Symptom der Absonderung vom wahren Leben. Ursünde ist das Nichtwissen des Menschen um die Quelle des Lebens in seinem Innern. Das Egobewusstsein ist wie Schlaf im Vergleich zu jenem Bewusstsein, das im Menschen in der Tiefenerfahrung erwacht. Darum ist echte Bekehrung immer ein Erwachen zu einem neuen Leben. Sie ist eine wirkliche „Metanoia", eine echte Umkehr.

Das alles ist nur schwer eingängig. Auch fällt es nicht leicht, sich selbst einzugestehen, dass die Deutung unserer Existenz und der Welt aus der Ratio allein nicht möglich ist. Es widerstrebt einem, die Möglichkeit einer Erleuchtungserfahrung anzunehmen, die für die rationalen Fähigkeiten unerreichbare Wahrheiten vermittelt. Das Annehmen und Eingestehen dieser Möglichkeit ist aber Voraussetzung für die Bekehrung, für die Umkehr zur Quelle, zum Ursprung. Bekehrung ist Abkehr vom alten Adam hin zum neuen Menschen, der aus Gott geboren ist.

Das wahre Selbst ist Leben Gottes. Heilige und Sünder haben die gleiche Mitte. Der Unterschied zwischen beiden liegt darin, dass der Heilige sein Leben aus der göttlichen Mitte heraus zu gestalten versucht, während der Sünder aus dem Begehren seines Ego lebt. Fehlt aber dem Menschen die Gottbezogenheit, dann ist er abgesondert von seiner wahren Mitte. Er hat das Göttliche in sich dem Ego untergeordnet, oder – was die eigentliche Ursünde ist – er hat sich verloren in seinem Ego. Bekehrung bringt Heilung aus dem Heil des Ursprungs (Vgl. EB III). Dieses Ursprungs innezuwerden und daraus zu leben, das ist die Fülle des Lebens. Heil sein und heilig sein kommen aus dem gleichen Wortstamm. Ist uns das klar geworden, werden wir heilig sein wollen. Denn wer möchte nicht heil sein? Heiligkeit ist nicht der unerreichbare Status eines fernen Sonderlings; es kann der Status des normalen Menschen sein. Heilig sein bedeutet auch immer heil sein für andere, so wie die Berufung eines Menschen immer auch Berufung für andere ist. Je mehr ein Mensch das Göttliche manifestiert, um so mehr positive Kräfte gehen von ihm aus. Aber es gilt auch das Umgekehrte: Je ferner ein Mensch dem göttlichen Ursprung steht, um so stärker sind auch die negativen Impulse, die von ihm ausgehen. Nicht nur im physischen Bereich gibt es Ursache und Wirkung, sondern auch auf geistiger Ebene.

### 3. Reinigung der Sinne und des Geistes

Die Kontemplation führt unweigerlich auch in eine Auseinandersetzung mit den dunklen Räumen in unserem Innern. Wohl jeder wird dem Chaotischen und Zerstörerischen in sich begegnen. Es ist eine Begegnung mit dem, was die Psychologie den Schatten nennt. Der Weg der Reinigung der Sinne und des Geistes ist ein Prozess, der in die hintersten Räume unserer Psyche führt. Es ist entscheidend, dass der Mensch das Bösartige in sich annimmt. Dieses Annehmen führt in Richtung Befreiung. Sehr bald erfährt man, dass man zu dieser letzten Reinigung nichts beitragen kann. Daher nennt sie die Mystik „passive Reinigung". Gott ist die reinigende Kraft. Diese passive Reinigung vollendet den Prozess der Befreiung von der Egozentrierung. Nicht wenige erleben diese Reinigung des Ego wie ein Ausgebranntwerden durch Feuer. Es ist jene passive Reinigung, bei der es nur ein Stillhalten gibt. Ein anderer ist am Werk. Auch Eckehart spricht von diesem Feuer:

> „... das Feuerwerden geschieht mit Widerstreit, mit Ach und Weh, als ein unruhvolles Treiben innerhalb der Zeit, die vollzogene Geburt aber des Feuers ist Lust und Freude sonder Zeit und Ferne." [2]

Der Weg zur Erleuchtung hat nichts mit Selbsterlösung zu tun. Spätestens wenn der Mensch in diese Phase eintritt, erfährt er, dass es ein anderer ist, der ihn reinigt. Es kommt zu einem Sterben, das furchtbarer sein kann als der leibliche Tod. Es geht um die Befreiung von jeglicher Ichverhaftung. Aber das Ego sträubt sich bis zum Letzten. Der Mensch hängt im wahrsten Sinne des Wortes zwischen Himmel und Erde. Er ist verwirrt. Die Freuden des Alltags geben ihm keine Befriedigung mehr. Die Freude der Erleuchtungserfahrung ist ihm versagt. Das Unendliche lockt; er kann nicht mehr zurück; er hat gleichsam ein Stück Geschöpflichkeit aufgegeben, fühlt sich aber von Gott noch nicht ganz gehalten. Das ist die Gottverlassenheit, von der viele Heilige sprechen. Alles, was der Mensch jetzt tun kann, ist stillhalten, sich in der Kontemplation dem Schauen ins nackte Sein, der reinigenden Kraft aussetzen. Die Erleuchtungserfahrung ist im Grunde ein Läuterungsprozess, der in die tiefsten Bewusstseinsschichten hineinreicht. Anfänglich sind die Erleuchtungserfahrungen noch begleitet von sinnlichen Störungen, von Gefühlen, Eingebungen und Visionen. Erst wenn alle diese Begleiterscheinungen wegfallen, ist der Reinigungsprozess abgeschlossen. Nur wenige Menschen gelangen bis zu diesem Ziel. Der Mensch vergisst dann, dass er erleuchtet ist. Er ist wie einer unter vielen, von andern nicht selten als „Tor" angesehen.

Kontemplation wandelt die Persönlichkeit vom Kern her. Aus diesem freigelegten Persönlichkeitskern kommen andere Wünsche und Verhaltensweisen. Wer wirklich „bekehrt" ist, d. h. aus der göttliches Mitte heraus lebt, kann nicht sündigen. Der Mensch vermag gar nicht mehr anders zu handeln als gemäß seiner Einsicht. Eckehart beschreibt dieses innere Genötigtsein zum rechten Handeln:

> „Solange du irgend etwas vermagst, das wider Gott und wider sein Gebot ist, solange hast du die Gottesliebe nicht; du magst die Welt wohl betrügen, als habest du sie. Der Mensch, der da in Gottes Willen steht und in Gottes Liebe, dem ist es lustvoll, alles das zu tun, was Gott lieb ist, und alles das zu lassen, was wider Gott ist; und ihm ist's ebenso unmöglich, irgend etwas zu unterlassen, was Gott getan haben will, wie irgendetwas zu tun, was wider Gott ist."[3]

## 4. Aszese und Kontemplation

Der Persönlichkeitswandel, von dem in diesem Kapitel die Rede ist, macht sich auch in einer neuen Haltung zur Aszese bemerkbar. Schlägt man alte Heiligengeschichten auf, begegnet man dem Wort „Abtötung" auf Schritt und Tritt. Es wird von Fasten, Schlafentzug, Bußgewändern und Geißelungen gesprochen. Heute weiß man, dass auch in diesen Dingen das rechte Maß besser ist als Übertreibungen. Haben doch manche dieser Übungen die Sinne mehr gereizt als beruhigt. Selbstverleugnung und Abtötung haben als Ziel, das vordergründige Ego zurückzunehmen. Aszese soll alles aus dem Weg räumen, was hinderlich ist, unser Bewusstsein zu sammeln und auf Gott hin auszurichten. Alle Religionen kennen daher ein bestimmtes Maß von Aszese. Auch Armut, Ehelosigkeit und Gehorsam, die Inhalt der Ordensgelübde sind, sollen helfen, innerlich frei zu machen. Werden sie zum Selbstzweck, haben sie ihr Ziel verfehlt. Aszetische Übertreibungen lassen sich oft auf eine Verachtung des Körpers zurückführen.

Der Verzicht an sich und der damit verbundene Schmerz sind nicht das Ziel. Entscheidend und wichtig ist immer nur eines: das Loslösen, die innere Freiheit. Man muss lernen zu besitzen, als besäße man nicht.

Man erzählt von einem Meister, der seinem Schüler nahelegte, er möge sich das Rauchen abgewöhnen. Als der Schüler ihm nach einem Jahr freudestrahlend berichten konnte, dass er nicht mehr rauche, bot ihm der Meister eine Zigarette an. Entsetzt wehrte der Schüler ab. Der Meister indessen belehrte ihn, dass er ruhig rauchen könne, sofern er nur innerlich frei davon sei und seiner Gesundheit nicht schade.

Die eigentliche Aszese ist eine Übung des Geistes. Da man zur letzten Wahrheit nur gelangen kann, wenn der rastlose Geist so ruhig und klar wie stehendes Wasser geworden ist, übt man Aszese, um die Wellen des Geistes zum Stillstand zu bringen. Im christlichen Kontext nannte man diesen Weg den „Wandel vor Gott". Innerlichkeit und Vereinheitlichung des Bewusstseins sind notwendige Voraussetzungen zum Fortschritt auf dem geistlichen Weg. Ist das Innere ganz auf die Erreichung eines Zieles ausgerichtet, dann schwinden bestimmte Interessen. Wer liebt, ist ausgerichtet auf den Geliebten; wer dürstet, ist ausgerichtet auf Wasser; wer Heimweh hat, denkt nur an die Heimat, und alles andere tritt in den Hintergrund. Es zählt nicht mehr. Und sollte etwas hindernd im Weg stehen, wird es mit letzter Kraft überwunden. Zu solchen Hindernissen können Beziehungen zu Menschen, Liebhabereien oder bestimmte Gegenstände gehören, die in sich schätzenswert sind. Für den eingeschlagenen Weg sind sie bedeutungslos. Dem beobachtenden Außenseiter mag solche Loslösung wie harte Aszese vorkommen. Für den auf dem Weg Fortgeschrittenen ist es aber ein schmerzloses Zurücklassen von Dingen, die nur Ballast bedeuten. Es geht also weder um Weltverachtung noch um Selbstgeißelung.

Sogar die Beziehungen zu Mitgliedern des engsten Familienkreises können sich ändern. Eine Mutter könnte etwa erschrocken feststellen, dass sie ihre Kinder und ihren Mann nicht mehr so liebt wie früher. Auch die flachen Formen der Liebe verblassen, wenn man sich dem angestrebten Ziele nähert. Später zeigt sich gewöhnlich, dass das vermeintliche Abnehmen der Liebe nur eine Durchgangsphase war, aus der die Liebesbeziehung um vieles gereinigter hervorging. Auch die Beziehungen zu anderen Menschen werden auf eine ähnliche, im Grunde gleiche Höhe angehoben. Man hört dann oft die Bemerkung: „Eigentlich liebe ich jetzt alle Menschen gleich."

Vom Essen gilt prinzipiell das Gleiche. Fasten mag zu bestimmten Zeiten gut sein, doch ist mäßiges Essen im allgemeinen vorzuziehen.

Die aszetische Übung kommt jedoch nicht aus den quälenden Gedanken „Ich muss mich ändern" oder „Ich muss besser werden". Der Wille zur Änderung entspringt aus der sich im Innern vollziehenden Umschichtung der Werte. Der Anfang kann allerdings sehr schwer sein. Es kann zu einem wahren Sich-Losreißen von Hindernissen kommen. So muss man sich etwa entscheiden, ob man den Abend in Gesellschaft, im Kino, beim Fernsehen oder in der Gebetsübung der Kontemplation verbringen will. Je mehr man allerdings in der Kontemplation selbst Erfüllung findet, um so leichter fällt dann eine Entscheidung. Begehren und Wollen ändern sich, weil sich der Persönlichkeitskern wandelt.

## 5. Soziale Verantwortung und Kontemplation

Wer erfährt, alles ist Leben Gottes, hat einen neuen Standort für das, was Christen Nächstenliebe nennen. Das Wort Christi: „Liebe deinen Nächsten wie dich selbst" ist mehr als eine ethische Aufforderung, ist viel mehr als ein Gebot. Es ist eine neue Weise, die Welt zu sehen. Hat man die Schöpfung als eins mit Gott erfahren, dann ist Nächstenliebe Selbstliebe, und Selbstliebe ist Nächstenliebe.

Die Welt als Eines zu sehen, das ist die Voraussetzung für die rechte Nächstenliebe. Eckehart macht darauf aufmerksam:

> „‚Gott sprach Eines, und ich hörte Zwei.' (Ps 61,12) Das ist wahr: Gott sprach stets nur Eines. Sein Spruch ist nur einer. In diesem *einen* Spruche spricht er seinen Sohn und zugleich den Heiligen Geist und alle Kreaturen, und es gibt (doch) nur *einen* Spruch in Gott. Der Prophet aber sagt: ‚Ich hörte Zwei', das heißt: Ich vernahm Gott *und* Kreatur. Da, wo Gott es (die Kreaturen) *spricht,* da ist es Gott; hier (in Raum und Zeit) aber ist es Kreatur. Die Leute wähnen, Gott sei nur *dort* (bei seiner historischen Menschwerdung) Mensch geworden. Dem ist nicht so, denn Gott ist *hier* (an dieser Stelle hier) ebenso Mensch geworden wie dort, und er ist aus *dem* Grunde Mensch geworden, dass er *dich* als seinen eingeborenen Sohn gebäre und als nicht geringer."[4]

Wer diese Ganzheitsschau der Welt besitzt, weiß sich nicht nur eins mit allen Dingen; er erfährt sich auch als eins mit den Dingen, vor allem aber als eins mit dem Mitmenschen. Der andere ist ihm der Ausdruck des gleichen göttlichen Lebens. Der andere wird als eins mit dem eigenen Leben erfahren. Sein Leben und das eigene Leben sind eins in dem einen Leben, das unteilbar ist; es ist Gott und Mensch und alle Kreatur.

Weil alles als Leben Gottes erfahren wird, wandelt sich im kontemplativen Menschen auch das Verantwortungsbewusstsein im spirituellen und missionarischen Bereich. Die Mitarbeit im Erlösungswerk Christi wird von der Einheit allen Lebens her gesehen. Nichts ändert die Welt mehr, als wenn der Mensch sich selbst ändert. Handelt er aus der Erfahrung der Einheit göttlichen Lebens oder, besser gesagt, lässt er „Gott in sich Gott sein", leistet er Gottes Wirken keinen Widerstand und kann so am meisten für die Welt tun. Damit ist aber nicht gemeint, dass Gott durch den Kontemplativen irgendwelche außerordentlichen Taten vollbringen würde. Der Wert der Tat und ihr erlösender Effekt auf die Welt liegt im geschöpflichen Sosein des Menschen. Er ist Ausdruck des Göttlichen und kann nichts Besseres tun, als ein möglichst reiner Ausdruck zu sein. Je weniger er mit seinem empirischen Ego interveniert desto besser. Seine Miterlöserfunktion erfüllt sich in den kleinen Selbstverständlichkeiten des Alltags so gut wie in großen Entscheidungen.

Man könnte fortfahren und sagen, dass man die Schöpfung miterlöst, indem man sie schöpfungsgerecht behandelt. Der Mensch behandelt Wasser ‚wassergerecht', indem er es gemäß seinen vielfältigen Funktionen verwendet, es aber weder verschwendet noch unnötig verschmutzt. Elektrischen Strom behandelt er ‚stromgerecht', indem er ihn sich dienstbar macht, ihn aber abschaltet, wenn berechtigte Bedürfnisse erfüllt sind. Sein Verantwortungsbewusstsein zeigt sich bei der Betätigung des Lichtschalters und Gashahns. Er wird nicht verschwenderisch mit den Energien umgehen. Er wird auch nicht mehr essen, als notwendig ist. Von hier ist der Schritt zum „einfachen Leben" nicht weit. Man beansprucht dann nicht mehr für sich selbst, als man wirklich braucht. Das ist, wie wir heute wissen, die einfachste und durchschlagendste Form, den Armen hier und in den Entwicklungsländern zu helfen.

Um Missverständnisse zu vermeiden, sei noch einmal darauf hingewiesen, dass auch der Intellekt Ausdruck des Göttlichen ist und dass daher der Mensch seinen Verstand verstandesgemäß planend und rechnend einsetzen wird, im persönlichen Alltag und bei der Änderung ungerechter sozialer, politischer und ökonomischer Weltstrukturen. Der Verstand, durchleuchtet von der Erfahrung göttlichen Lebens, agiert anders als der Verstand, der aus dem Ego gespeist wird.

Die Folgerungen, die sich aus einer solchen Weltsicht ergeben, sind radikal. Eckehart sagt einmal, dass die Zunge klagt, wenn auf den Fuß getreten wird. Und so wird der kontemplative Mensch aufschreien – um das Beispiel auf die gegenwärtige Weltsituation zu übertragen – über die Ungerechtigkeit, die den Armen, den Minderheiten und den politisch Andersdenkenden angetan wird. Eckehart lehrt:

> „Liebe Gott über alle Dinge und deinen Nächsten wie dich selbst! (Matth 22,37), und dies ist ein Gebot von Gott. Ich aber sage, dass es nicht nur ein Gebot sei, sondern, dass Gott es geschenkt und uns zu schenken gelobt hat. Wenn du hundert Mark bei dir mehr liebst als bei einem andern, so ist das unrecht. Hast du einen Menschen lieber als einen andern, so ist das unrecht. Und hast du deinen Vater und deine Mutter und dich selbst lieber als einen andern Menschen, so ist das unrecht. Und hast du die Seligkeit in dir lieber als in einem andern, so ist das unrecht . . Liebst du die Heiligkeit in dir mehr als in einem andern, so liebst du dich selbst, und wo du dich liebst, da ist nicht Gott deine reine Liebe, und das ist unrecht."[5]

Gelänge es, den Menschen von der Erfahrung des Göttlichen her zu dieser Weltsicht zu führen, dann wäre die Lösung internationaler sozialer und ökonomischer Probleme bedeutend leichter. Deswegen geht es dem kontemplativen Menschen zuerst und zuletzt darum, den Mitmenschen diese spirituelle Grundlage der Verantwortung für seinen Nächsten zu vermitteln. Fehlt dem Sozialreformer diese Basis, behandelt er Symptome; das gilt auch – und vor allem – von jedem kirchlichen

Sozialengagement. Geht er aber von dieser Voraussetzung aus, dann wird er schwerlich Gewalt anwenden, um soziale Rechte durchzusetzen. Es drängt den kontemplativen Menschen mehr, die Kurzsichtigkeit auf der Seite der Unterdrücker aufzudecken, zu versuchen, sie zu einer inneren Umkehr zu bringen, als Gewalt gegen sie anzuwenden. Auch dieser andere, der Feind, wird als das gleiche Leben Gottes erfahren. Nur von hier aus sind die Worte Jesu zu verstehen: „Liebet eure Feinde. Tut Gutes denen, die euch hassen." Man liebt sich selbst, wenn man die Feinde liebt.

Um das wirklich zu können, muss man sein wahres Selbst gefunden haben. Der Mensch muss in seinen „einfältigen Grund gelugt" haben, wie Eckehart sagt. Während das Ego eine egozentrierende Tendenz hat, öffnet das wahre Selbst für die Mitwelt. Es relativiert die Subjekt-Objekt-Spaltung und hebt sie schließlich ganz auf. Nächstenliebe, Rücksichtnahme, Gerechtigkeitssinn und echtes Mitgefühl dominieren. Das Selbst verwirklicht sich und nicht das vordergründige Ego. Das ist ein langwieriger Prozess. Eckehart weiß darum:

> „Ich sage ein Weiteres und ein Schweres: Wer unmittelbar in der Bloßheit dieser Natur stehen will, der muss allem Personhaften entgangen sein, so dass er dem Menschen, der jenseits des Meeres ist, den er mit Augen nie gesehen hat, ebensowohl Gutes gönne wie dem Menschen, der bei ihm ist und sein vertrauter Freund ist. Solange du deiner Person mehr Gutes gönnst als dem Menschen, den du nie gesehen hast, so steht es wahrlich unrecht mit dir, und du hast noch nie nur einen Augenblick lang in diesen einfältigen Grund gelugt. Du magst aber wohl in einem abgezogenen Bilde die Wahrheit wie in einem Gleichnis gesehen haben: das Beste aber war es nicht."[6]

Wovon Eckehart hier redet, ist weit mehr als nur eine ethische Forderung. Er spricht vom Bewusstseinszustand des kontemplativen Menschen. In ihm ist die Subjekt-Objekt-Spaltung überwunden. Die Erfahrung der Einheit des Lebens dominiert.

### 6. Kontemplation als Gebet ohne Worte

Viele Abhandlungen und Bücher sind über das Gebet geschrieben worden. Das in diesem Kapitel Gesagte soll sie weder überflüssig machen noch gegen sie gerichtet sein. Hier geht es vielmehr um die Form des kontemplativen Gebetes, die sich auf einer bestimmten religiösen Ebene ergibt. Schon unter „Gebet der Ruhe" und „Schauen in das nackte Sein" ist vom Beten ohne Worte gesprochen worden. Beten ist mehr als an Gott denken. An Gott denken ist nicht einmal der Schatten wirklichen Betens. Mit seinem Intellekt kommt man nicht weit. Der Mensch besitzt viel geeignetere Fähigkeiten, Gott auf umfassendere Weise in den tieferen Schichten seines Seins zu erfahren. So versichert Eckehart:

> „Dieses wahrhafte Haben Gottes liegt am Gemüt und an einem innigen, geistigen Sich-Hinwenden und Streben zu Gott, nicht (dagegen) an einem beständigen, gleichmäßigen Darandenken; denn das wäre der Natur unmöglich zu erstreben und sehr schwer und zudem nicht das Allerbeste. Der Mensch soll sich nicht genügen lassen an einem *gedachten* Gott; denn wenn der Gedanke vergeht, so vergeht auch der Gott. Man soll vielmehr einen *wesenhaften* Gott haben, der weit erhaben ist über die Gedanken des Menschen und aller Kreatur."[7]

Worte sind dann nur noch Andeutung oder Hinweis auf das, was rational nicht fassbar ist.

Gebet ist dann nicht mehr „Reden mit Gott", es wird mehr und mehr zu einem Ruhen in Gott (Vgl. EB IV,8 und 9). Es gibt dann weder einen, der spricht, noch einen, zu dem gesprochen wird. Gebet ist dann Einssein mit Gott und in ihm mit allem, was existiert. Der Erlebende ist zum Erlebten geworden. Alle inneren und äußeren Dialoge verschwinden. Diese Ebene ragt hinaus über Subjekt und Objekt, Gestern und Morgen, Frustration und Euphorie, obwohl sie Urgrund auch all dieser Lebensäußerungen ist. Über diese Art des Betens schreibt Augustine Baker:

„So geschieht es, dass Seelen mit dieser starken Neigung zum innerlichen Leben manchmal weder die Betrachtung der Menschheit unseres Erlösers lieben und sich dabei aufhalten noch Gebete zu den Heiligen verrichten, noch ausdrücklich der Toten gedenken, noch anderen besonderen Übungen sich widmen, die notwendigerweise den Gebrauch körperlicher Bilder voraussetzen. Eine Seele, die durch die Übung der Einfachheit einen gewissen geistlichen Zustand erreicht hat, wird alle solche Übungen vielleicht am Anfang ihres Weges als Hilfe gebrauchen, aber sie wird nicht bei ihnen verweilen, sondern die gerufenen Bilder alsbald überwinden und in die einfache Gottheit eintreten. Das meinte ja auch unser Erlöser, als er sagte: ‚Wenn ich nicht von euch gehe, kann der Tröster nicht zu euch kommen.' (Joh 16,7)"[8]

Auch Eckehart kommt immer wieder auf diese Form des Gebetes zurück:

„Was ist das abgeschiedene Herzensgebet? Ich antworte: Abgeschiedenheit und Lauterkeit kann nicht bitten; denn wer bittet, der begehrt etwas. Nun begehrt aber das abgeschiedene Herz nach nichts und hat auch nichts, dessen es gern ledig wäre; darum so steht es ledig allen

(Bitt-)Gebetes. Denn sein Gebet ist nichts anderes als mit Gott einförmig sein. Und wenn die Seele dazu kommt, dann verliert sie ihren Namen und ziehet Gott in sich, dass sie in sich selber zunichte wird, so wie die Sonne das Morgenrot in sich zieht, dass es zunichte wird."[9]

Der kontemplative Mensch gelangt immer wieder an die Grenze jeglicher Vorstellung und Verbalisation. Für das Erfahrene gibt es kein Wort, keinen Begriff, keinen Namen, weil es namenlos ist. Was bleibt, ist die Erfahrung der Urkraft selbst, die letzte Wirklichkeit ist. Sie ist leer und doch Quelle und Ausgangspunkt alles Seienden. Sie hat keine Form und gibt doch allem Form. Man kann diese Kraft „Gott" nennen.

Beten heißt, eins werden mit dem göttlichen Leben, das weder Anfang noch Ende, Innen noch Außen, weder Zeit noch Ort kennt. Beten ist Eingehen in dieses Leben, das vom Verstand nicht ausgeschöpft, noch von der Logik erfasst werden kann, obwohl es Quelle des Verstandes ist. Leib und Sinne sind davon getrennt – und sind es doch nicht. Es liegt jenseits des Seienden – und ist doch nicht ohne das Seiende. Beten ist: dieses Leben in allem, was lebt, erfahren.


## 7. BITTGEBET UND KONTEMPLATION


In Bezug auf das Bittgebet sagt Eckehart sehr deutlich:

> „Die Leute sagen oft zu mir: ‚Bittet für mich!' Dann denke ich: ‚Warum geht ihr aus? Warum bleibt ihr nicht in euch selbst und greift in euer eigenes Gut? Ihr tragt doch alle Wahrheit wesenhaft in euch'."

An anderer Stelle geht er zur letztmöglichen Konsequenz:

> „Was irgend etwas vom anderen begehrt, das ist ‚Knecht‘, und was da lohnt, das ist ‚Herr‘. Ich dachte neulich darüber nach, ob ich von Gott etwas nehmen oder begehren wollte. Ich will es mir sehr wohl überlegen, denn wenn ich von Gott etwas nehmen würde, so wäre ich unter Gott wie ein Knecht und er im Geben wie ein Herr. So aber soll es mit uns nicht sein im ewigen Leben.“

Eckehart drängt, ‚in das eigene Gut zu greifen‘. Gott lebt im Menschen. Ist der Mensch eins mit Gott geworden, braucht er um nichts mehr zu bitten. Zu ihm hat der Vater gesagt: „Mein Kind, du bist immer bei mir, und alles, was ich habe, gehört auch dir.“ (Lk 15,31) So sagt auch Seraphim von Sarow, ein russischer Starez, einmal: „Gewinnt den Frieden Gottes in euch, und Tausende sind gerettet.“ Was im Leben eines Menschen vor sich geht, geschieht für alle Menschen. Eines Tages wird offenbar werden, wer mehr zum Wohl der Menschheit beigetragen hat, ein Politiker, ein Sozialreformer oder ein auf diese Weise betender Mensch. Die Energien, die durch die Kontemplation, durch die Erfahrung und Bewusstwerdung des Göttlichen in uns, entbunden werden, sind wirksam für alle Menschen. Je mehr der Mensch zur Erfahrung dieses Göttlichen in der eigenen Tiefe gelangt, um so größer wird die heilende Wirkung auf die gesamte Schöpfung, „denn die ganze Schöpfung wartet sehnsüchtig auf das Offenbarwerden der Kinder Gottes.“ (Röm 8,19)
Jesus hat uns nichts über Art und Inhalt seines eigenen Betens hinterlassen. Aber wir dürfen wohl annehmen, dass es ein Erfahren des Einsseins mit dem Vater war. Die Schrift sagt, dass er die ganze Nacht betete. Danach stieg er vom Berg herab, und es ging eine Kraft von ihm aus, die alle heilte. (Vgl. Lk 6,12 und 19) Beten ohne Worte und Bilder ist radikale Gleichförmigkeit mit dem Willen Gottes. Es geschieht alles so,

wie es geschieht — wie Gott es geschehen lässt. Darum rät Eckehart:

> „Ein Mensch soll *nichts* suchen, weder Erkennen noch Wissen noch Innerlichkeit noch Andacht noch Ruhe, sondern einzig Gottes Willen. Die Seele, die so ist, wie sie von Rechts wegen sein soll, die begehrt nicht danach, dass Gott ihr seine ganze Gottheit hingebe, und sie würde auch dadurch ebensowenig getröstet, wie wenn er ihr eine Mücke gäbe. Die Erkenntnis Gottes unter Ausschluss des Willens Gottes ist nichts. *In* Gottes Willen *sind* alle Dinge und sind *etwas,* sind Gott wohlgefällig und sind vollkommen; außerhalb des Willens Gottes (hingegen) sind alle Dinge *nichts* und gefallen Gott *nicht* und sind unvollkommen. Ein Mensch sollte um Vergängliches nimmer bitten; will er aber um etwas bitten, so soll er einzig um Gottes Willen bitten und um sonst nichts, so wird ihm alles zuteil. Bittet er (hingegen) um irgend etwas anderes, so wird ihm nichts zuteil. In Gott ist nichts als Eines, und das Eine ist unteilbar. Wenn man aber etwas anderes als Eines nimmt, dann ist es Teilbares und nicht das Eine. Gott ist Eines, und wenn man nach sonst noch etwas sucht und strebt, dann ist es nicht Gott, es ist vielmehr Teilbares."[10]


## 8. GLAUBE UND KONTEMPLATION

Kontemplation hat auch auf den Glauben einen wandelnden Einfluss. Das religiöse Leben beginnt mit Gott als Gegenüber. Der Mensch erfährt sich als unerlöst, unvollkommen, sündig und elend und wendet sich in diesem Zustand Hilfe und Schutz suchend an einen intuitiv erspürten Stärkeren und Besseren. Er wendet sich an ein transzendentes Wesen, das außerhalb dieser menschlichen Grundbefindlichkeit steht, und zwar mit dem Verlangen, sich das Wohlwollen dieses Wesens zu sichern, ja, möglichst eins mit ihm zu werden. Diese fundamentale menschliche Sehnsucht liegt in allen Kulturen an der Wurzel religiöser Zeremonien und Riten. Religiös begabte Menschen gelangten zu einer Erleuchtung, verbalisierten ihre Erfahrung, und so kam es zu Lehr- und Glaubenssätzen. Dogmen sind daher letztlich nichts anderes als Formulierungen, denen die Erfahrung tief religiöser Menschen zugrunde liegt. Gott offenbart sich Menschen, und die Erfahrung wird in Mythen ausgedrückt und in Symbolen dargestellt. So beschreitet der Gläubige seinen Weg aufgrund der Erfahrung anderer Menschen.

Dem christlichen Glauben liegt die Erleuchtungserfahrung Jesu zugrunde. Wie anders sollte sich die letzte Wirklichkeit offenbaren als in einer Erleuchtung? Wie anders sollte sich Jesus als Sohn Gottes gewusst haben als aus einer Erleuchtung? Die Jünger wiederum haben das Selbstverständnis Jesu erfahren. Auf ihrem Erfahrungszeugnis gründet unser Glaube. Die Urgemeinden formulierten die Erfahrung der Jünger und haben sie schriftlich in Form von Evangelien niedergelegt. Glaubenssätze sind formulierte Erfahrung. Offenbarung ist formulierte Erfahrung. Glaubensformulierungen drücken immer die erfahrene Wahrheit in kulturbedingten Bildern und Konzepten aus, sind aber in ihrem Symbolcharakter nicht die Wahrheit selbst. Mit anderen Worten: Hinter den Formulierungen steht viel mehr, als sich in Worten ausdrücken lässt. Sie sind Schale, die den Kern umschließt. Wer zum Kern vordringen will, muss die Schale durchbrechen, d. h., er muss versuchen, über die Formulierungen hinaus zu einer Glaubenserfahrung zu kommen. Wirklicher Glaube ist etwas, das von innen kommt. Er ist mehr als intellektuelles Wissen. Immer ist er – auf die eine oder andere Art – Erfahrung. Den Menschen zu dieser Erfahrung, die letztlich Vereinigung mit Gott ist, zu führen, ist Ziel aller Religionen.

Der Mensch ist nach dem Bilde Gottes geschaffen; er ist „Kind Gottes"; das „Reich Gottes" ist in ihm. Darin besteht die Botschaft Jesu, das ist der Inhalt seiner Verkündigung: „Ich bin gekommen, damit sie das Leben haben und es in Fülle haben." (Joh 10,10)

„Das Reich Gottes ist in euch", sucht nicht von außen her in dieses Reich einzutreten. Dort, in eurem Innern, werdet ihr Eingang finden in das Reich Gottes, in die Fülle der Freiheit und des Lebens. So sagt Eckehart:

> „Man soll Gott nicht außerhalb von einem selbst erfassen und ansehen, sondern als mein Eigen und als das, was *in* einem ist ... Manche einfältigen Leute wähnen, sie sollten Gott (so) sehen, als stünde er dort und sie hier. Dem ist nicht so. Gott und ich, wir sind *eins*."[11]

Dass der Mensch an seinen göttlichen Ursprung glaube, an das Leben, das sowohl in Gott als auch im Menschen west, das ist der Kern der biblischen Botschaft. Darum muss der Mensch wiedergeboren werden. Es gilt, diesen Zusammenhang zu erkennen, diese Wahrheit zu erfassen und zur Erfahrung dieses Lebens durchzustoßen. Dann erst können wir wirklich Menschen sein, Menschen, die sich von Gott her verstehen. Der zum Leben Erwachte ist die Neuschöpfung, von der Paulus spricht. Einer, der dieses Leben nicht wenigstens im Glauben erfahren kann, bleibt um sein eigentliches Menschsein betrogen. Er bleibt im Vorfeld des Menschlichen stecken. Sich selbst als Manifestation göttlichen Lebens wissen, das ist die Seinsdimension, die Gott dem Menschen zugedacht hat.

Die Einswerdung des Anbetenden mit dem Angebeteten, die Erfahrung des Einsseins mit Gott, ist zugleich Ziel und Höhepunkt allen religiösen Lebens, aller Formen des Gebetes, aller Riten und Dogmen.

# 6. KAPITEL

# GOTT, DER EINFALTIGE –
# GOTT, DER VIELFALTIGE

## 1. DIE DYNAMIK DES GÖTTLICHEN LEBENS

Gewandelter Glaube sieht göttliches Leben dynamisch. Ununterbrochen drängt es zu weiterer Entfaltung, auch im Menschen selbst. Zeitlich mag dieser Evolutionsprozess sich über Jahrhunderte hinziehen, aber das ändert nichts an der Tatsache, dass sich die Menschheit bereits auf eine höhere Bewusstseinsebene hin entwickelt. Der Mensch wird immer mehr an die Grenzen seiner rationalen Fähigkeiten stoßen und sich dann immer stärker nach innen wenden. Wie er sich in seinem jahrtausendelangen Evolutionsprozess aus der vormentalen Phase in die mentale Phase hineinentwickelte, so wird er auch aus der mentalen Phase in eine transmentale Phase gelangen. Das heißt jedoch nicht, dass dabei die Fähigkeiten der vorausgehenden Entwicklungsstufen verloren gehen werden. Unser Menschsein wird vielmehr dazugewinnen. Es erhält eine neue, erfüllende Dimension, um welche die Religionen schon immer wussten. Darum haben heute jene Religionen besondere Anziehungskraft, die in ihren Angeboten dem Bedürfnis des modernen Menschen, auf diese höhere Bewusstseinsstufe zu gelangen, entgegenkommen. Wer meint, dass sich diese „mystische Welle" bald wieder verflüchtigen wird, täuscht sich. Dem Menschen bleibt nur der Durchbruch nach vorn. Er wird bald alle rationalen Möglichkeiten vergeblich abgetastet haben. Diese neue Dimension, die vielen wie Flucht aus der Wirklichkeit vorkommen mag, wird dem Menschen greifbar werden als der eigentliche Urgrund, auf dem er Fuß fassen muss, wenn er nicht in der Selbstvernichtung enden will.

Wenn C. G. Jung das Selbst eine seelische Ganzheit nennt, in die das Ich einbegriffen ist, so wie ein kleiner Kreis im großen einbegriffen sein kann, so gibt er uns damit ein Bild, das uns mystische Erfahrung intellektuell ausdrücken lässt. Einheit, Unio mystica, bedeutet nicht ein Aufgeben der Identität. Die letzte mystische Erfahrung ist vielmehr Erfahrung der Einheit in der Vielheit. Gott ist einfaltig und vielfaltig. Wenn ich den Fächer zusammenfalte, löst sich die einzelne Falte nicht auf, sondern sie wird von der einen großen Falte aufgenommen.

Das Loslassen der personalen Gottesbilder scheint gerade denen schwer zu fallen, deren Persönlichkeitsstruktur egozentrisch angelegt ist. Die Erfahrung zeigt, dass gerade solche Menschen einen inneren Schock erleiden, wenn ihnen in der Kontemplation das personale Gottesbild entschwindet. Auch sonst fällt ihnen das Loslassen schwer. Fragt man tiefer, lässt sich erkennen, dass es am Ende gar nicht um Gott geht, sondern um die eigene Person, um das „Ichsein", das man nicht aufgeben will. Fällt nämlich das gegenüberstehende Gottesbild zusammen, verliert auch das Ich seinen Halt.

Letztlich geht es für den Glaubenden nicht darum, das Leben Gottes in der Form des Innewohnens zu entdecken. Er muss sich vielmehr selbst so, wie er ist, als Ausdruck des Göttlichen begreifen. Es existiert nichts neben und außer Gott. Der Mensch selbst ist göttliches Leben. Leben wird nur im Lebendigen sichtbar. Gott manifestiert sich im Menschen. So lange dieser sich dessen nicht bewusst ist, bleibt er Gefangener im Kerker seines Ego.

Der Mensch glaubt sich identisch mit Kommen und Gehen, Werden und Vergehen; dabei ist er identisch mit dem ewigen Leben. Gelingt es, das Egobewusstsein zu übersteigen und zu einer Erleuchtungserfahrung zu kommen, werden Zeit und Vergänglichkeit durchbrochen, geschieht Neugeburt und Neuschöpfung, wie die Schrift sagt. Dann besitzt der Mensch die Fähigkeit, die Dinge zu durchschauen. Er sieht, was sie wirklich sind. Er erkennt, dass alles so ist, wie es ist, und dass alles gut ist so, wie es ist, weil es die Wahrheit ist. Nach wie vor gibt es Berge und Täler, rechts und links, gut und böse. Dem Erleuchteten offenbart diese Vielfalt die eine letzte Wirklichkeit, das eine Sein.

## 2. KONTEMPLATION UND GOTT ALS PERSON

Die bildhafte Darstellung des Schöpfungsberichtes und die Schöpfungslehre des christlichen Glaubens brauchen uns nicht annehmen zu lassen, dass Gott die Welt aus einer Urmaterie geformt hat. Gott ergießt sich in die Schöpfung, so wie eine Quelle sich in den Bach ergießt; er entfaltet sich und bleibt als ihr Ursprung doch von ihr abgehoben. Man kann diesen Ursprung Person nennen und das Gewordene davon getrennt sehen. Aber man darf die Einheit nicht vergessen, sonst erkennt man den „Stoff", aus dem alles entstanden ist, nicht mehr. Dieser Urstoff ist Leben Gottes. Die Schöpfung ist für den Menschen nicht mehr auf Gott hin durchsichtig, darum ist er geneigt, die Zusammenhänge zwischen Quelle und Bach zu vergessen. Wasser ist ihr gemeinsames Wesen. Kann einer das „sehen", ist die Welt für ihn durchsichtig geworden.

Das Leben Gottes ist dem Menschen in dieser zeitlichen Existenz verborgen. Weil er es nicht wahrnimmt, bestimmt es auch sein Handeln nicht. Darum ist er auch Sünder. Und weil es wohl kaum einem Menschen geschenkt wird, immer und überall aus dieser inneren Wahrnehmung des göttlichen Lebens zu handeln, wird er auch immer Sünder bleiben. Bekennt man sich als solcher, sagt man nur die Wahrheit, denn die eigene Egozentriertheit verhindert das Durchscheinen des göttlichen Lebens, verschleiert seine Herrlichkeit. Weil er das göttliche Leben nicht durchgehend erfährt, ist der Mensch auf den Glauben verwiesen, den Glauben, dass er Kind Gottes ist. Das zeigt mehr als Einwohnen Gottes an. Wenn Eckehart sagt, dass wir ‚Gott in

uns Gott sein lassen' sollen, ist mehr gemeint als „Gott in uns",
mehr, als ob da etwas in uns wohnte. Gott ist auch die Form,
in der er west. Der Mensch lebt die Transzendenz in der Im-
manenz, das Essentielle im Phänomenalen. „Gott liebt und lobt
sich selbst, so viel er immer kann. Er kniet und neiget sich, er
bet't sich selber an", singt Angelus Silesius.

Wenn die Erfahrung ins Tagesbewusstsein tritt, wird Gott
„Gegenüber". Gott als Person, Dreifaltigkeit sind theologische
Ausdeutungen des Nachher, genauso auch die Formen der
Verehrung. Das Zwiegespräch zwischen Gott und Mensch entfaltet sich. Es wird zu Klage und Freude, Trauer und Zuver-
sicht, Liebe und Hingabe, weil wir Menschen sind. Und weil
der Mensch mit Verstand, Gefühl, Körper und Sinnen begabt
ist und dichten und komponieren kann, wird dieses Zwiegespräch zu Lied und Gedicht, wird zu Zeremonie und Liturgie. Und findet man sich dazu mit anderen zusammen, wird
aus all dem Gemeinde und Tempel. Auch „Kirche" versteht
sich ja viel mehr als „Zeichen" auf etwas hin, als sie hier und
jetzt sichtbar machen kann. All das ist Konsequenz aus der
Einheitserfahrung mit Gott. Es darf sich davon nicht entfernen. Es soll vielmehr die Einheit verkünden und in Symbol
und Zeichen darstellen. Wo das nicht mehr geschieht, wo Form
und Ritus zur Magie werden, wird Religion zum Hindernis.
Auch christliche Mystik kennt selbstverständlich das Göttliche
als Gegenüber und zeigt daher immer auch theistische Züge.
Wer sich verneigt, eine Kerze anzündet und Weihrauch an-
steckt, auch wenn er es nur als Ausdruck des Göttlichen in sich
selbst tut, verkündet die Einheit in der Doppelseitigkeit seiner
menschlichen Existenz. Und so findet sich auch in Eckeharts
Mystik der persönliche Gott. Er weiß von ihm mit Glut zu
sprechen. Er spricht vom Besitzen Gottes, vom Gehorsam gegen
Gott, von Demut und Liebe. Die Sünde erkennt er als Stolz,
der Gott gegenüber ein unabhängiges Ego aufbaut und festhält.
Es scheint nur so, dass Eckehart einen „zweifachen" Gott hat.
Gott ist für ihn alles, er ist auch Person. Er ist die Ganzheit der
Erfahrung. Da ist kein „zweiter" Gott.

Der Mensch kann in Bezug auf das Göttliche zwei Wahrneh-
mungsweisen haben, wenn ihm nur klar ist, dass sich dies aus
seiner Geschöpflichkeit ergibt, dass diese zwei Wahrnehmungs-
weisen in Wirklichkeit eins sind und in der Mystik auch als
eins erfahren werden. Leben ist nur erfahrbar im Lebendigen.
Gott ist ein lebendiger Gott, er ist ein in und durch uns leben-
der Gott. Alles Geschöpfliche sagt ihn aus, drückt ihn aus,
verkündet ihn in seinem Sosein: als Atom, als Stein, als Kraft,
als Geist. „Wir sind seines Geschlechtes." (Apg. 17,28) Zum
Geschlecht Gottes gehören wir alle. Dort gibt es keine Fami-
lienmitglieder zweiten Ranges.


## 3. Religion und Kontemplation


Religion braucht sowohl das rationale Element, das den Glauben formuliert, als auch das Element der Erfahrung, das ihn
lebendig macht. Beides sollte in der Religion nebeneinander
bestehen dürfen. Religion ist und kann nicht nur Mystik
sein, aber die Mystik bewahrt die Religion vor Stagnation und
Begriffsleere. Das rationale Element hingegen bewahrt die
Mystik vor Auswüchsen und parapsychischen Überlagerungen.
Das Problem besteht allerdings darin, dass die Selbstausdeutung
der Mystik für die Ratio immer ungenügend bleiben muss. Wäre
es nicht so, würde Mystik sich selbst aufgeben.
Liturgie, Ritus, mündliches Gebet und Betrachtung sind im allgemeinen Ausgangspunkte für die Kontemplation und werden
diese im Normalfalle auch immer begleiten. Der kontemplative
Mensch erlebt in ihnen noch einmal die ursprüngliche religiöse
Erfahrung. Die Formen enthalten das Leben, für das sie geschaffen worden sind. Die Sakramente werden als Brennpunkte dieses
Lebens erfahren und erhalten eine neue Wertigkeit. Weil aber der
religiös begabte Mensch das göttliche Geheimnis sehr viel dichter in der Kontemplation selbst erfährt, entsprechen allzu wort-

geladene Gottesdienste nicht mehr seinem Bedürfnis. Diesbezüglich sei noch einmal an Eckeharts Meinung erinnert:

> „Der Mensch soll sich nicht genügen lassen an einem gedachten Gott; denn wenn der Gedanke vergeht, so vergeht auch der Gott. Man soll vielmehr einen *wesenhaften* Gott haben, der weit erhaben ist über die Gedanken des Menschen und aller Kreatur."[1]

Der Ursprung aller Riten und Mythen ist die spirituelle Erfahrung. Am Anfang werden Mythus und Ritus auch noch als Ausdruck dieser Erfahrung verstanden. Sie können dazu beitragen, eine spirituelle Erfahrung vorzubereiten und bilden so noch eine gewisse Einheit mit der Erfahrung. Wenn dieser Zusammenhang verlorengegangen ist, verkrustet das Ritual, und die Verbalisierung der Erfahrung wird zum Dogma und zu einem Wert in sich erhoben; von da aus ist es bis zum Sakralen, das zum Gesetz und damit zum Joch wird, das unter Androhung von Strafe bindet, nicht mehr weit.

Die Propheten versuchten, das Volk Israel immer wieder aus diesem Gesetzesritualismus zu befreien. Jesus folgte hierin ihren Fußstapfen. In unseren Tagen spüren nicht wenige Gläubige, dass Religion hohl sein kann; sie finden in ihr nicht mehr die Erfahrung des Glaubens. Da sich Dogmen, die vor Jahrhunderten formuliert wurden, heute nur schwer wieder füllen lassen, sucht man lieber eigene Wege.[2]

Die Kirchengeschichte und die Geschichte der christlichen Mystik haben gezeigt, dass Jesus Christus und das Evangelium vielen Führer zur Innerlichkeit und zur Glaubenserfahrung gewesen sind. Hilfreiche Ermutigung könnte auch heute den Menschen helfen, einen christlichen Weg in die Glaubenserfahrung zu finden. Allerdings geht das kaum ohne Erfahrene, die andere in der Nachfolge Jesu zu einer inneren Öffnung führen können. Notwendig ist vor allem die Einsicht der Kirche, dass die Kontemplation ein Wesensbestandteil der Religion ist und es in Zukunft immer mehr werden wird.

Eine tiefe Erleuchtungserfahrung würde Christen über die Schrift hinaus zu dem führen, wovon sie Zeugnis gibt. Die Schrift ist wie eine Fackel, die man „wegwirft", wenn das Feuer entfacht ist. Sie ist der Ruf des Unendlichen, der uns ständig die Richtung weist, in die wir zu gehen haben, aber sie ist nicht das Unendliche selbst. Das Erwachen zur Wirklichkeit des Unendlichen wird durch heilige Texte, Rezitationen, Riten, Aszese und auch durch die Gebetsübung der Kontemplation vorbereitet. Das Erwachen selbst ist nicht machbar. Es ist wie ein Blitz, der einschlägt. Man weiß nicht, wann und wo. Es kann nicht genug betont werden, dass auch Kontemplation nur eine Weise ist, die den Menschen in die Weiselosigkeit führt. Damit sei nichts gegen Riten und Zeremonien gesagt. Diese bringen den Menschen in Kontakt mit der Wirklichkeit Gottes. Doch darauf soll hier nicht näher eingegangen werden. Bücher über mündliches Gebet und Betrachtung gibt es viele. Hier sei der Weg der Kontemplation aufgezeigt. Religiöse Praxis wird als bereits bekannt vorausgesetzt. Wird diese aber zu gegebener Zeit zum Hindernis, muss sie zurückgelassen werden.

Nicht wenige Menschen gelangen nach einiger Zeit mit formulierten Gebeten, intellektuellen Betrachtungen und mühsam erweckten Gefühlen ans Ende. Auch die Feier der Liturgie und die religiösen Riten reichen nicht aus. Diese Formen des religiösen Lebens geben ihnen keine Kraft mehr, weil der Urgrund nicht mehr erspürt wird. In diesem Fall sollten sie den Mut haben, einen neuen Weg der Begegnung mit Gott zu suchen, denn die Einswerdung mit Gott ist das eigentliche Ziel aller religiösen Übung.

In seiner Predigt „Es ist gut für euch, dass ich weggehe", (Joh 16.7)[3] spricht Eckehart über die Hindernisse wahrer Geistlichkeit. Dabei geht er von dem Schriftwort aus: „Es ist gut für euch, dass ich weggehe. Denn wenn ich nicht weggehe, wird der Helfer nicht zu euch kommen." (Joh 16,7) Eckehart zählt jene religiösen Hindernisse auf, die den Menschen von einer wirklichen Begegnung mit Gott abhalten.

## 4. MÖGLICHE HINDERNISSE

*Sakramente*

Das erste Hindernis beim Fortschritt auf dem geistlichen Weg ist nach Eckehart das Genießen der Kreaturen. Die sieben Sakramente nennt er an zweiter Stelle als Hindernis für „gute Leute". Sacramentum bedeutet „Zeichen", und wer am Zeichen hängen bleibt, gelangt nicht zur inneren Wahrheit. So ist etwa „… die Ehe ein Wahrzeichen für die Einheit göttlicher und menschlicher Natur und für die Einswerdung, die der Seele zusteht mit Gott." Weiter sagt Eckehart:

> „Dann wieder gibt es ‚gute' Leute, die hindern sich selber, indem sie zuviel haften an Reue und Buße: und bleiben auf dem Zeichen und bemühen sich nicht zu der lauteren Wahrheit zu kommen."[4]
>
> „Ebenso hindern sich manche ‚gute' Leute, indem sie allzu eifrig hinterher sind hinter dem heiligen Sakrament des Leibes des Herrn, wie sie den sich nur irgend verschaffen können. Sie wenden ein Übermaß äußeren Fleißes an die Gegenstände der Bereitung und bereiten sich nicht zur Wahrheit.
>
> … alle die Sakramente weisen uns nur zu der einigen Wahrheit; daher darf man beim Zeichen nicht stehen bleiben."[5]

Dennoch hat sich Eckehart in dieser Predigt sicherlich nicht gegen die Sakramente ausgesprochen. Er hat selbst die Messe zelebriert und die Sakramente empfangen. Die Berichte im Anhang dieses Buches zeigen ferner, wie gerade auch religiöse Handlungen Hilfen zum Erlangen einer Tiefenerfahrung sein können. Aber sie wollen dem Menschen eben nur helfen, zum Ziel durchzustoßen. Ziel ist Gott, und wenn etwas, das als Hilfe gemeint ist, zum Hindernis wird, muss es überwunden werden. In Bezug auf das Gebet hat Eckehart dies zu sagen:

> „Das Gebet des Mundes aber, das hat die heilige Christenheit darum eingesetzt, damit die Seele gesammelt werde von den äußeren Sinnen, in denen sie sich zerstreut hatte auf die Mannigfaltigkeit der vergänglichen Dinge. Wenn sie dann zusammengefasst wird in die oberen Kräfte (in Vernunft, Willen und Gedächtnis), so wird sie vergeistet. Und wenn nun der Geist festhaftet an Gott mit ganzer Einung des Willens, so wird er vergottet. Dann allererst steht er in der wahren Anbetung, wenn er kommen ist zu seinem Ziel, zu dem er geschaffen ist. Wir sind aber einzig zu Gott geschaffen und demgemäß nach ihm gebildet. Wer es nicht bringt zu dieser Einung des Geistes mit Gott, der ist kein rechter geistlicher Mensch."[6]

Auch über die Betrachtung hat Eckehart seine eigene Meinung:

> „… Hierbei merkst du wohl, dass auch alle Mannigfaltigkeit davon muss ausgeschieden werden; auch die Menschheit unsers Herrn als etwas sonderlich Gegenwärtiges; wie Christus selber zu seinen Jüngern gesagt hat: ‚Es ist gut, wenn ich von euch gehe, denn wenn ich nicht von euch gehe, so kann der Tröster, der heilige Geist, nicht zu euch kommen, der Geist der Wahrheit, den der Vater in meinem Namen senden wird!‘ Hier aber hindern sich ‚gute‘, geistliche Leute an rechter Vollkommenheit, indem sie mit ihres Geistes Lust am Bilde der Menschheit unseres Herrn Jesu Christi haften: womit sie sich doch nur an Visionen verlieren, da sie denn, wenn auch im Bilde, Dinge sehen in ihrem Geiste, seien es Menschen, oder Engel, oder unsers Herrn Jesu Christi Menschliches … Da meinte er nicht bloß die Jünger im engern Sinne, sondern alle, die hinfort seine Jünger

werden sollten und ihm folgen wollen zu hoher Voll-kommenheit: denen ist sein Menschliches ein Hinder-nis, wofern sie mit Lust daran haften."[7]

Selbst Gelübde, meint Eckehart, können zu Hindernissen werden:

"Wenn der Mensch sich wohlgeordnet findet zu echter Innerlichkeit, so lasse er kühnlich ab von allem äußeren Wirken, und sollten es selbst solche Werke sein, zu denen du dich mit Gelübden verbunden hättest, von denen dich selbst kein Papst und kein Bischof entbinden könnte."[8]

## Visionen

Eckehart versichert weiter, dass der geistliche Mensch auch mystische Visionen hinter sich lassen muss:

„Also sollen wir um die Geschaffenen allesamt uns nicht bekümmern, ausgenommen Jesus Christus, der allein unser Retter und Helfer ist und ein Weg zu seinem himmlischen Vater. Aber wiewohl wir damit von aller Endlichkeit Abschied nehmen und auf den Weg der Wahrheit treten, so sind wir doch noch nicht völlig selig, ob wir gleich die göttliche Wahrheit schauen. Solange wir beim Schauen stehen, sind wir noch nicht in dem, den wir schauen, solange ein Etwas Gegenstand unseres Bemerkens ist, sind wir nicht Eines in dem Einen. Denn wo nichts als Eines ist, da sieht man nichts. Woher man denn Gott nicht sehen kann als mit Blindheit, nicht erkennen als mit Unerkenntnis und nicht vernehmen als mit Unvernunft. Hierzu spricht Augustinus: Keine Seele vermag zu Gott zu kommen, sie gehe denn ohne die Kreaturen zu ihm und suche ihn ohne Gleichnisse.

Das bedeutet uns Christus selber mit dem Worte: ‚Wirf erst den Sparren aus deinem eigenen Auge und wische dann den Staub aus eines andern Auge!‘ Hieraus ist abzunehmen, dass alles Gemächt vergleichbar ist einem Sparren in der Seele Auge: es hindert mit seiner Endlichkeit das Einswerden mit Gott. Und weil nun auch die Seele ein Gemächt ist, so muss sie sich aus sich selber werfen. Und auch aus sich herauswerfen alle Heiligen samt Unsrer lieben Frau, als die alle nur Gemächte sind. Bloß soll sie bestehn und, undürftig aller Dinge, wesen. So mag sie zu Gott als Seinesgleichen kommen, der bloß und unbedürftig ist und frei von Materie."[9]

Eckehart warnt hier vor der Überbewertung von Visionen. Wie bereits im dritten Kapitel erwähnt wurde, haben große Mystiker aller Zeiten und Zonen Visionen nur als Vorstufe, ja sogar als Hindernis auf dem Weg zum Ziel betrachtet. Solange noch etwas Gegenstand des Bemerkens ist, bleibt die letzte Tiefe verdunkelt. Johannes vom Kreuz soll an dieser Stelle für viele andere Mystiker sprechen:

„Ich sage also: mit all diesen Wahrnehmungen und bildhaften Visionen und irgendwelchen anderen Formen oder Vorstellungen, wie sie sich unter Bildern oder Einzelerkenntnissen darbieten mögen – seien sie falsch von Seiten des Teufels oder als wahr erkannt von Seiten Gottes –, darf sich der Verstand nicht belasten, noch sich von ihnen nähren, auch darf die Seele sie weder zulassen noch festhalten wollen; sie soll ja ganz losgelöst, entblößt, rein und einfach sein, ohne irgendwelche Art und Weise, wie eben die Vereinigung mit Gott es fordert."[10]

Diese Einstellung kann gerade in Bezug auf die christliche Mystik nicht stark genug betont werden, da Mystiker sehr gern an ihren Visionen gemessen werden. Visionen sind Vorfeld der eigentlichen mystischen Erfahrung. Stößt einer zur Erfahrung der Wahrheit vor, dann ist es die Wahrheit schlechthin, die nur eine sein kann für alle Menschen. Ob er diese Wahrheit dann einer religiösen Doktrin entsprechend formuliert, ist eine andere Sache. Eine wahre mystische Erfahrung wird für den Glauben erhellend sein. Aber sie steht jenseits der Doktrin, weil sie jenseits alles Begrifflichen steht. Sie sprengt jedes Wort. Die religiöse Erfahrung macht alle Doktrin lebendig und durchflutet sie mit Licht. Sie ist das eigentlich Dynamische im Glauben. Ohne sie bleibt Doktrin toter Buchstabe, sie gleitet ab in Moral, Gesetz. Es ist diese „Buchstabenreligion", von der uns Jesus Christus befreien wollte.

Religiöse Erfahrung widerspricht nicht dem Glauben, wohl aber wird sie in vielen Fällen zu seiner Neuinterpretation führen, die manchmal im Gegensatz zu einer zu engen und absolut gesetzten Doktrin stehen kann. Die viel beschworene Gabe der Unterscheidung besteht nicht darin, religiöse Erfahrung in ein Prokrustesbett überkommener Formulierungen zu stecken und alles, was darüber hinausgeht, abzuschlagen. Nicht zuletzt aus diesem Grund wird die christliche Religion heute kritisiert. Die Institutionen laufen Gefahr, ihre Anhänger wegen absoluter theologischer Aussagen spirituell gleichsam verdursten zu lassen. Aber wo ist die Grenze? Kann jeder seine Erfahrung willkürlich deuten? Echte Erfahrung deutet immer auf die Wahrheit hin, ganz gleich in welcher Formulierung sie sich ausdrückt. In ihrem Hindeuten wird sie als richtig erkannt werden.

## Theologische Vorstellungen

Dreifaltigkeit ist für Eckehart nicht die letztmögliche Aussage über Gott. Für ihn ist Gott Eines, und das Bild der heiligen Dreifaltigkeit bereits ein Heraustreten aus dieser Einheit:

> „Damit gelangt die Seele fürs erste in die Einheit der heiligen Dreifaltigkeit. Aber sie kann noch seliger wer-

den: Wenn sie der bloßen Gottheit nachgeht, von der die Dreifaltigkeit nur eine Offenbarung ist. Vollkommen selig wird sie erst, so sie sich in die Wüste der Gottheit wirft, darin es weder Werk noch Bild gibt, und über dem Eifer des Hineinstürzens sich also verliert, dass sie als Ich zunichte wird und aller Dinge sich so wenig annimmt, wie da sie nicht war. Mit dem ist sie an sich nun tot – und lebt in Gott. Denn was tot ist, das wird in dem Grabe zunichte: So wird auch die Seele zunichte, die in der Wüste der Gottheit begraben ist. Von solchen spricht Sankt Paulus: ‚Ihr seid tot, und euer Leben ist mit Christo verborgen in Gott!' Und Dionysius erklärt: In Gott begraben werden ist nichts anderes als eine Überfahrt in ein unerschaffenes Leben. – Diese Überfahrt bleibt manchem Erkenner unbekannt.

Nun merket, woran man es erkennen könne, wann man hereingenommen sei in die heilige Dreifaltigkeit! Das Erste. Es wird solcher Seele gegeben, durch den Blick des heiligen Geistes, dass an ihr vertilgt wird alle ihre Schuld; und vergisset ihres Selbst und alles, was Ding ist. – Das Zweite, was sie von der Gottheit empfängt, ist des Vaters ewige Weisheit: Erkenntnis und Unterscheidung aller Dinge. So wird ihr benommen das Dünken, Wähnen und Glauben: Sie ist hingelangt zur Wahrheit. Und was sie vorher glaubte und einsah nur mittels wer weiß wie vieler Worte und Beweisungen: Jetzt, was immer ihr bezeichnet wird von Menschen oder vom Geiste, darum darf sie niemanden erst fragen. Wie andere, die für die Wahrheit nicht empfänglich sind: Mag man sie ihnen noch so offenbaren, die lautere Wahrheit, so wollen sie mit menschlichen Sinnen begreifen, was doch über aller Engel Verstehen ist …

Weiter empfängt die Seele, die mit der Wahrheit sich emporlocken lässt in die heilige Dreifaltigkeit, in einem Augenblick von des Vaters Kraft und Allgewalt, dass ihr möglich wird, alle Dinge zu tun. Wie Sankt Paulus spricht: ‚Ich vermag alle Dinge, in dem, der mich stark macht!‘ So handelt denn nicht die Seele mehr, nicht sie erkennt, nicht sie liebt mehr, sondern Gott, der handelt, der liebt und erkennt sich in ihr. Das bestätigt Jeremias: ‚Ihr seid wahrlich Götter darin, dass ihr Gott erkennet und liebt!‘ Denn die Seele ist ihrer Natur nach also gestaltet, wo auch nur etwas von ihr ist, da ist sie ganz. Sie ist ganz in einem jeglichen Gliede: wie Gott ganz ist an allen Stätten und in allen Kreaturen. Alles, was an der Seele lebt, das ist nichts anderes als Gott."[11]

Religion ist das Netz, mit dem ich den Fisch fange, meint Eckehart. Habe ich den Fisch gefangen, hat das Netz seinen Zweck erfüllt. Vom religiösen Leben eines Menschen, der nicht darauf abzielt, zu Gott selbst vorzustoßen, sagt Eckehart:

„Denn wahrlich, wenn einer wähnt, in Innerlichkeit, Andacht, süßer Verzücktheit und in besonderer Begnadung Gottes mehr zu bekommen als beim Herdfeuer oder im Stalle, so tust du nicht anders, als ob du Gott nähmest, wändest ihm einen Mantel um das Haupt und schöbest ihn unter eine Bank. Denn wer Gott in einer (bestimmten) *Weise* sucht, der nimmt die Weise und verfehlt Gott, der in der Weise verborgen ist."[12]

Die Erfahrung übersteigt theologische und philosophische Formulierungen. Erfahren wird nicht Gott, sondern Gottheit. Wem diese Erfahrung widerfährt, der wird seine Haltung zu Religion und Philosophie ändern. Er ist aus einem neuen Grund heraus religiös. Er hat einen neuen Standort. Wer Tee „geschmeckt" hat, beschreibt ihn anders als einer, der ihn nicht „geschmeckt" hat.

Mit den intellektuellen Fähigkeiten ist man im philosophischen Bereich schon lange an Grenzen gestoßen. Es konnte nicht ausbleiben, dass man den Tod Gottes konstatierte. Der kontemplative Mensch kommt ebenfalls an diese Grenze. Auch für ihn stirbt der spekulative Gott der Theologen. Beide Wege verlaufen getrennt und kommen doch zum gleichen Punkt. Aber wo der Agnostiker achselzuckend vor dem Abgrund stehen bleibt, schreitet der Kontemplative, gestützt von seinem Glauben, in das Nichts hinein. Und wenn er den letzten Halt seines empirischen Ego losgelassen hat, findet er Gewissheit auf dem letzten Urgrund.

Die Religion hat dem Menschen die ersten Schritte auf dem Weg der Erfahrung beigebracht. Sie hilft dem Menschen, auch den letzten Schritt in das „lichte Dunkel" der Begriffslosigkeit zu tun. Sie hat ihm demütig die Leiter gehalten, damit er zum Wesen des Göttlichen vordringe; warum sollte sie Angst haben, er könnte nun ohne Sprossen weitersteigen? Der Kontemplative berührt das Subjekt der Religion, das greifbar zu machen, sich die Religion bemüht. Ein so veranlagter Mensch neigt im allgemeinen nicht dazu, aus der Kirche und der Religion auszuwandern. Gelegentlich wird er hinausgedrängt. Was wäre, wenn man ihm etwas mehr Freiheit gäbe? Würde er nicht eine Balance herstellen, die wir doktrinären und autoritativen Elementen gegenüber notwendig brauchen? Rahner hat wohl Recht, wenn er in seinem mutigen, prophetischen Beitrag über Christsein in der Kirche der Zukunft schreibt:

„Kann es nicht in der Spiritualität der Zukunft doch so etwas wie einen Guru, einen geistlichen Vater geben, der dem andern eine vom Geist erfüllte Weisung gibt, die sich nicht adäquat in Psychologie, theoretische Dogmatik und Moraltheologie auflösen lässt? Ich vermute jedenfalls, dass in der Spiritualität der Zukunft als solcher das Element einer brüderlich-spirituellen Gemeinschaft, einer gemeinsam gelebten Spiritualität eine größere Rolle spielen kann und langsam, aber mutig, zu gewinnen und zu entwickeln sei. Wie dies genauerhin geschehen könnte, dafür wage ich keine Rezepte anzubieten… Die Kirche kann auch für die Spiritualität des Einzelnen eine bedrückende Last sein, durch Doktrinalismus, Legalismus und Ritualismus, zu denen die eigentliche Spiritualität, so sie ursprünglich und echt ist, kein positives Verhältnis haben kann. Durch all das aber kann die Spiritualität des Einzelnen nicht davon dispensiert werden, kirchlich zu sein, am allerwenigsten in einer Zeit, in der doch offenbar für die Zukunft Gemeinschaftlichkeit und Gesellschaftlichkeit auf profanem Gebiet wachsen müssen und nicht abnehmen können. Warum denn könnte nicht die Spiritualität der Zukunft die einer *höheren zweiten Naivität in weiser Geduld* sein, die dadurch und darin kirchlich ist, dass sie die Armseligkeit und Unzulänglichkeit der Kirche selbstverständlich mitträgt, mitausleidet und so kirchlich ist? Schon Origenes wusste, dass die Pneumatiker nicht aus der Kirche auswandern dürfen, sondern in Geduld, Demut und den Abstieg Gottes ins Fleisch der Welt und der Kirche mitvollziehend und in Liebe ihren Geistbesitz in die konkrete Kirche, so wie sie nun einmal ist und trotz aller notwendigen und immer fälligen Reformen bleiben wird, einstiften müssen. Solche Kirchlichkeit gehört auch zur Spiritualität der Zukunft. Sonst ist sie elitärer Hochmut und ein Unglaube, der nicht begreift, dass das heilige Wort Gottes ins Fleisch der Welt gekommen ist und diese Welt heiligt, in dem es die Sünde der Welt und auch der Kirche auf sich nimmt."[13]

# ALLGEMEINE PERSPEKTIVEN

## 1. PSYCHOLOGISCHE ASPEKTE

### Kontemplation und Gefühle

Die Gefühle verhalten sich oft wie selbständige Wesen, die fähig sind, das Ego restlos aus dem Gleichgewicht zu werfen. Verdichten sie sich zu Komplexen, gebärden sie sich wie Teilpersönlichkeiten, die ein eigenes Leben führen. Solche Komplexe sind manchmal nicht bewusst. Viele Menschen fürchten sich daher, sich in ihre tieferen Bewusstseinsschichten einzulassen. Sie fürchten, es könnte etwas aufbrechen, das sich nachher ihrer Kontrolle entziehen könnte. Wer den Weg der Kontemplation betritt, sollte psychisch gesund sein. Wenn Ängste oder unbekannte Zustände auftreten, sollte der Übende sie nicht verschweigen. Während die Kontemplation einerseits von störenden Phänomenen befreien kann, ist es andererseits möglich, dass schützende Abwehrkräfte nicht mehr funktionieren und die Gefühle den Menschen überfluten und fortreißen.

Das Identifizieren mit aufsteigenden Gefühlen ist eine der Ursachen, die den Menschen von seinem wahren Wesen trennen. Das klingt sonderbar. Aber es ist das rastlos tätige Ego, das Situationen vorspiegelt, die nicht der Wirklichkeit entsprechen. Der Mensch lebt in der Annahme, dass die vom Alltagsbewusstsein wahrgenommene Welt die Wirklichkeit ist. So verfällt er einer ständigen Täuschung. Im Versuch, die vorgetäuschte Situation zu bewältigen, gerät er immer wieder in die gleichen Verhaltensmuster und entfremdet sich so seinem wahren Wesen.

Die Dinge liegen nicht so, wie sie das Ego erfährt. Die Mystik nennt diese so erfahrene Situation manchmal einen Traum. Die

Wirklichkeit, zu der man in der Tiefenerfahrung erwacht, ist die eigentliche und erste Wirklichkeit.

Der dem Ego ausgelieferte Mensch fällt ständig dessen Eigendynamik zum Opfer. Daraus entstehen seine Alltagsschwierigkeiten. Diese sind Produkte einer oberflächlichen „Weltanschauung" und eines falschen Selbstverständnisses. Es fehlt das wahre Unterscheidungsvermögen.

Ist der Mensch durch die Kontemplation wirklich in seine Mitte gelangt, überwältigt ihn kein Problem mehr. Er bleibt auch bei sogenannten Schicksalsschlägen ruhig, wenn er etwa Besitz und Freunde verliert, verleumdet wird oder zu wenig oder keine Anerkennung und Zuwendung erfährt. Hat man den wahren inneren Standpunkt gefunden, bleibt man auch in emotionalen und intellektuellen Erschütterungen gleichmütig.

Nach der Erleuchtungserfahrung ist das Selbstwertgefühl nicht mehr so stark von außen zu beeinflussen. Der Mensch fühlt sich von innen her intakt, angenommen und gehalten. Das gibt ihm Sicherheit in den Ereignissen des Alltags, die keine größere Wertigkeit haben, als ihnen wirklich zusteht.

Beim „Sitzen" meint man oft, das Ziel erreicht zu haben. Der Grad des geistlichen Fortschritts zeigt sich aber erst, nachdem man aufgestanden und an sein Alltagswerk gegangen ist. Im eigenen Heim, in Geschäft und Büro, in Sport und Politik, im Auskommen mit Familienmitgliedern und Arbeitskollegen zeigt es sich, wie weit man ist. Sofern einen noch negative Emotionen überwältigen, solange einer noch – geplagt von Depressionen – aus der gegebenen Situation die Flucht ergreift und sich in die Einsamkeit seines Schneckenhauses zurückzieht, kann von einer Personalisierung der Erfahrung kaum die Rede sein.

Nur langsam begreift man, dass man sich mit aufsteigenden Gefühlen nicht identifizieren darf. Man braucht sie aber auch nicht zu verdrängen. Man soll sie einfach stehen lassen, sie ruhig zulassen. Hat man gelernt, sich nicht mit Gefühlen zu identifizieren, löst sich die Verwirrung auf. Man durchschaut die Gefühle und erkennt ihre Egozugehörigkeit. Das Durchschauen nimmt ihnen ihre Mächtigkeit. Sie stören dann beim kontemplativen Sitzen nicht mehr, und man kommt mit den Mitmenschen besser aus.

Das bedeutet jedoch nicht, dass der kontemplative Mensch gefühlsarm wird. Im Gegenteil: Er kann Gefühle zulassen, weil er weiß, dass sie ihn nicht überwältigen werden. Er kann sich dem Schönen des Lebens hingeben, und es gelingt ihm, sogar dem Hässlichen seine wahre Schönheit abzugewinnen. Kann einer den Zustand der Ruhe im Ansturm der Gefühle bewahren, hat er den Schlüssel zu einem gelassenen Leben gefunden. Alle Probleme und Emotionen befallen nicht jenen obersten Wipfel, wo nach Eckehart der Mensch mit dem „allerliebsten Willen Gottes" vereint ist. Dieser oberste Wipfel fällt mit dem wahren Selbst zusammen. Es bleibt ruhig in allen Stürmen des Lebens, weil es in Gott verankert ist. Eckehart gibt dazu folgenden Kommentar:

„Nun (aber) sagen unsere biederen Leute, man müsse so vollkommen werden, dass uns keinerlei Freude mehr bewegen könne und man unberührbar sei für Freude und Leid. Sie tun unrecht daran. Ich aber sage, dass es nie einen noch so großen Heiligen gegeben hat, der nicht hätte bewegt werden können. Indessen sage ich demgegenüber auch: Wohl wird es dem Heiligen (schon) in diesem Leben zuteil, dass ihn nichts von Gott abzubringen vermag. Ihr wähnt, solange Worte euch zu Freude und Leid zu bewegen vermögen, seied ihr unvollkommen? Dem ist nicht so. (Selbst) Christus war *das* nicht eigen; das ließ er erkennen, als er sprach: ,Meine Seele ist betrübt bis in den Tod' (Matth 26,38). Christus taten Worte so weh, dass, wenn aller Kreaturen Weh auf eine (einzige) Kreatur gefallen wäre, dies nicht so schlimm gewesen wäre, wie es Christus weh war; und das kam vom Adel seiner Natur und von der heiligen Vereinigung göttlicher und menschlicher Natur (in ihm). Daher sage ich: Einen Heiligen, dem Pein nicht wehe täte und Liebes nicht wohl, hat es noch nie gegeben, und niemals wird es einer dahin bringen. Wohl kommt es hie und da vor, bewirkt durch die Liebe und Huld und ein Wunder Gottes, dass einer, dem man seinen Glauben oder sonst was schölte, wenn er mit Gnade übergossen wäre, ganz gleichmütig in Lieb und Leid stünde. Und wiederum bringt es ein Heiliger wohl dahin, dass ihn nichts von Gott abzubringen vermag, so dass, obzwar das Herz gepeinigt wird, während der Mensch nicht in der Gnade steht, der Wille doch einfältig in Gott verharrt und spricht: ‚Herr, ich (gehöre) dir und du mir.' Was immer dann (in einen solchen Menschen) einfällt, das behindert nicht die ewige Seligkeit, dieweil es nicht den obersten Wipfel des Geistes befällt dort oben, wo er mit Gottes allerliebstem Willen vereint steht."[1]

*Kontemplation – ein klarer Bewusstseinszustand*

Durch psychologische Tests ist nachgewiesen worden,[2] dass die ungegenständliche Meditation Körper und Bewusstsein des Menschen stark beeinflusst. Die Enzephalogramme, die während der Meditation aufgenommen wurden, zeigen, dass sich die Gehirnwellen der Großhirnrinde verändern. Während des Tagesbewusstseins dominieren Betawellen. In der Meditation selbst überwiegen Alphawellen. Mit fortschreitender Vertiefung des Meditationszustandes gehen Alphawellen über in Thetawellen.
Die Gehirnwellen der Meditationsphase unterscheiden sich von Gehirnwellen, die während des Schlafes, der Hypnose, der Trance oder nach Drogeneinnahme dominieren. Die Tests zeigen also, dass der Bewusstseinszustand in der ungegenständlichen Meditation nichts Krankhaftes an sich hat.
Er ist ein Zustand der Ruhe, der nach genügend langer Übung erreicht werden kann. Er ist also nichts Mysteriöses oder Ab-

normes, sondern vielmehr Fundament des Tagesbewusstseins, dessen Mitte oder Kern. Die Anlage für diesen Bewusstseinszustand ist angeboren und jedem zugänglich, der gelernt hat, sein Tagesbewusstsein ruhig zu stellen.

Im religiösen Bereich ist dieser Zustand die Grundlage für das „Gebet der Ruhe". Wenn auch gilt, dass das, was im mystischen Sprachgebrauch „Erleuchtungserlebnis" genannt wird, nicht machbar, sondern reines Geschenk ist, so muss doch auch gesagt werden, dass eine Bereitung durch die oben geschilderte Gebetsübung die beste Voraussetzung für das Geschenk dieser Erfahrung ist.

Eine volle Erleuchtung wird nicht vielen geschenkt. Der fortschreitende Reinigungsprozess, der manchmal viel Ähnlichkeit mit psychoanalytischen Vorgängen aufweist, disponiert dafür. Normalerweise, aber nicht immer, folgt eine Erleuchtungserfahrung auf den Bewusstseinszustand des „Schauens in das nackte Sein" oder des „Gebetes der Ruhe". Dieser Zustand wird wie ein „Sog in die Tiefe" erfahren. In religiöser Sprache würde man sagen, dass nur ein leeres und gereinigtes Gefäß das Göttliche aufzunehmen vermag. Nach Eckehart kann Gott gar nicht anders, als sich in diese Leere ergießen. Die Erleuchtung selbst ist ein Gnadengeschenk. Gnade scheint dabei aber nicht so sehr die Erleuchtungserfahrung selbst zu sein, als vielmehr die Kraft, dem erkannten Weg konsequent zu folgen und die schwierige Phase der Reinigung durchzustehen, bis die Seelenspitze ihre wahre göttliche Natur erfahren kann.

In welchem Umfang die letzte Wirklichkeit begreifbar wird, kann nicht logisch beschrieben werden. Der Mensch, dem eine solche Erfahrung widerfährt, ist überzeugt, dass er das Letzte und Tiefste berührt hat. Der religiöse Mensch zögert nicht, es „Gott" zu nennen. Es spottet aber jeder Begrifflichkeit.

Es gibt eine mystagogische Sprache, die klar auf diese letzte Wirklichkeit hinweist. Aber es gibt auch ein Gerede über Erleuchtung und Mystik, das zeigt, wie wenig Ahnung Sprecher und Schreiber haben. Ein Meister kann daher leicht Erleuchtungsgetue und echte Erleuchtung unterscheiden. Das gilt auch von der zeitgenössischen Meditationsliteratur. Es besteht ein Unterschied zwischen einem, der alles über Mystik „weiß", d. h. intellektuell erfasst, und einem, der aus seiner Erfahrung heraus spricht und schreibt. Wer immer seinen Mund öffnet, zeigt unweigerlich seinen eigenen Bewusstseinszustand. Er redet immer über sich selbst, sobald er spricht oder schreibt, auch dann, wenn er über andere oder über Mystiker redet.

## 2. AUSBLICK

### Eine neue Dimension

Die Schöpfung ist nicht zu Ende. Auch das Bewusstsein des Menschen entwickelt sich weiter. Die mentalen Fähigkeiten stellen nicht die Grenze der Möglichkeiten des menschlichen Geistes dar. Es gibt noch eine darüber hinausgehende Dimension, die Dimension des Arationalen. Dieses Arationale hat mit irrational nichts zu tun; vielmehr ergänzt es das Physische, Psychische und Rationale des Menschen. Diese neue Dimension ist zunächst nicht direkt an das Religiöse im konventionellen Sinn gebunden, sie ist Zeichen einer neuen Entwicklungsphase, in die das menschliche Bewusstsein bereits eingetreten ist.

Immer deutlicher wird erkannt, dass die Ratio nicht die letzte Deutung der Existenz bringen kann, und immer mehr Menschen gelingt es, die rationale Schranke zu durchbrechen und diese neue Dimension wenigstens in ihren Anfangsstadien zu erfahren. Das Mystische, wie das Arationale im religiösen Bereich genannt wird, hatte bis jetzt den Nimbus des Außergewöhnlichen, das nur den größten Heiligen, was immer man darunter auch verstand, geschenkt worden ist. Dem gegenüber setzt sich mehr und mehr die Erkenntnis durch, dass dem Menschen dafür eine Anlage angeboren ist, die im Laufe der

Jahre, ähnlich der rationalen Anlage, entfaltet werden kann. Da dem gegenwärtigen Erziehungssystem die Kenntnis dieser Entfaltungsmöglichkeit nicht geläufig ist, wird man im Schulsystem schwerlich einen „Magister" finden, der den Weg weiß, weil er ihn selbst gegangen ist. Sicher bleibt auch die mystische Erfahrung noch hinter dem vollständigen Erfassen der letzten Wirklichkeit – Gott – zurück. Aber sie bringt doch eine deutlichere Kunde als die Ratio. Wer diese letzte Wirklichkeit in der Erleuchtungserfahrung tangiert, erlangt die unumstößliche Gewissheit, dass er auf den Urgrund des Seins gestoßen ist. Für ihn gewinnt das Leben an Sinn und Transparenz.

Wo sich religiöser Glaube erhalten hat, wird dem Menschen diese Sicherheit im Glauben geschenkt. Aber die Religionen beginnen zu erkennen, dass vielen ihrer Anhänger diese Glaubenssicherheit verlorengegangen ist. Statistiken zeigen eine Entwicklung in diese Richtung an.[3] Die Überbetonung des Rationalen hat den Menschen von den Quellen der Glaubenserfahrung losgerissen. Man kann aber das Rad der Geschichte nicht zurückdrehen und versuchen, um jeden Preis wieder so zu glauben, wie man es früher getan hat. So bleibt nur der Durchbruch nach vorne. Physik[4] und Psychologie scheinen eher bereit, die Öffnung des menschlichen Bewusstseins in eine neue Dimension anzunehmen als so manche theologische Richtung.

Der religiöse Mensch wird instinktiv den Weg der Erfahrung suchen. Die institutionalisierte Religion tut sich damit wesentlich schwerer. Sie ist dem Wagnis des Wandels eher abhold, denn man kann das, was sich wie eine Neugeburt ergibt, nicht klar umrissen vorhersagen. Viele einzelne Menschen ahnen, dass es vor ihnen ein Festland gibt, auf dem es sich besser leben lässt. Sie sind wie Schwimmer, die eine Insel verlassen – in der Gewissheit, dass in der eingeschlagenen Richtung die Küste liegt. Die Insel hinter ihnen ist außer Sicht und das Festland noch nicht in Sicht. Aber sie vertrauen Menschen, die auf dem neuen Festland angekommen sind und ihnen zurufen, dass es sich lohnt weiterzuschwimmen, auch wenn man die Stützen der Religion dabei zu verlieren scheint.

Der religiöse Mensch sollte sich nicht leichtfertig von seiner Gemeinschaft trennen. Aber er sollte den Mut haben, seiner Gemeinschaft vorauszuschwimmen, auch wenn er deswegen mit Argwohn betrachtet wird.

## Mystik als Ökumene der Religionen

Wir Menschen leben eine scheinbar widersprüchliche Existenz. Auf der einen Seite haben wir Körper, Sinne, Gefühl und Verstand und auf der anderen Seite diese Ahnung – die für viele Menschen absolute Gewissheit ist – von einer dynamischen Wirkung und Wirklichkeit, die wir das Numinose oder Gott nennen. Sie werden so lange Gegenpole bleiben, wie wir ihre Einheit nicht erkennen. Wenn wir uns selbst durchschauen, wenn wir den Urgrund unseres Seins erfahren, wird sich dieser Widerspruch auflösen. Die Erleuchtungserfahrung ist der archimedische Punkt, von dem aus man die anscheinend so verschiedenen Existenzformen von ihrem Ursprung her als eins erfährt, als die gleiche Wirklichkeit oder Kraft in verschiedenen Erscheinungsformen. Wer diesen archimedischen Punkt erreicht, hebt für sich wirklich die Welt aus den Angeln. Wir bezeichnen ihn als Mystiker.

Diese Erfahrung kann nicht nur innerhalb einer Religion gemacht werden. Jeder Mensch trägt die dafür nötige Grundveranlagung in sich. Aber die Religionen haben Wege entwickelt, die in diese Erfahrung führen. Sie haben dieser Urwirklichkeit auch einen Namen gegeben, was wiederum nicht heißt, dass man diese Wirklichkeit nur so erfahren kann, wie sie von der betreffenden Religion beschrieben wird. Da alles aus dieser Urwirklichkeit kommt, kann sie auch in allem aufleuchten, alles kann als ihre Manifestation erfahren werden.

Mystik ist das Bewusstwerden der Wesenseinheit des Geschöpflichen mit der metaphysischen Urwirklichkeit des Göttlichen, aus der alle Differenzierung kommt. Diese metaphysische Urwirklichkeit wird als Leere, als Nichts, als Eins und als Urgrund aller Dinge erfahren. Als solcher entzieht er sich aller Beschreibung und Typisierung. Erfahrung und Beschreibung kommen aus zwei verschiedenen Bewusstseinszuständen. Erst wenn die Erfahrung, die ein Phänomen sui generis ist, in die psychophysische Konstitution des empirischen Ego eindringt, wird sie fassbar und beschreibbar. Das empirische Ego hat viele Räume bereit, in die eine mystische Erfahrung einfließen kann. Solche Räume differieren je nach Alter, Bildung, Religion und gesamtpsychischer Konstitution. Um ein ganz einfaches Beispiel zu nennen: In einem gefühlsbetonten Menschen wird sich die Erfahrung sehr stark in Gefühlen äußern; in einem intellektuell betonten Menschen dagegen in Begriffen.

Es muss bei alledem unbedingt berücksichtigt werden, wie tief und umfassend die Erfahrung war. Es gibt viele Grade, und nur die höchsten Grade sind hier angesprochen. Der Mensch bereitet also die Erscheinungsform der Erfahrung vor. Was immer auch aufgenommen wird, wird entsprechend der Natur des Aufnehmenden aufgenommen. Er stellt die Räume, die Formen bereit, in denen die Erfahrung fassbar wird. Wer einen persönlichen Gott verehrt, wird vermutlich der letzten Wirklichkeit ganz von selbst einen personalen Zug geben; wer mehr dazu neigt, den Urgrund seines Seins selbst für göttlich zu halten, wird der Erfahrung eine mehr a-personale Form geben.

Artikulierte Erfahrung ist immer nur Chiffre für das eigentliche Erleben. Die Chiffre wird im allgemeinen den religiösen Ausgangspunkt erkennen lassen, das religiöse Fundament, auf dem sich die Mystik erhebt. Wenn sich Mystik allerdings hoch genug erhebt, spielt das Fundament keine entscheidende Rolle mehr. Alle mystische Erfahrung konvergiert in ihrer höchsten Spitze, ganz gleich, welches Fundament sie hat. Wie könnte es anders sein? Die Wahrheit ist nur eine. Gott kann nur einer sein.

Diese eine Wahrheit ist in der echten Mystik, die nicht überlagert ist von Visionen, phantastischen Vorstellungen und parapsychologischen Einflüssen, relativ leicht zu erkennen, ganz gleich, aus welchem religiösen Vorverständnis und Kulturkreis sie kommt. Je reiner die Wahrheit erfahren wird, um so besser findet sie sich charakterisiert mit dem Satz: Mystik ist Bewusstwerden der Wesenseinheit des Geschöpflichen mit der metaphysischen Urwirklichkeit, aus der alle Differenzierung hervorgeht.

Die mystische Erfahrung scheint die einzige Hoffnung für eine Ökumene der Weltreligionen zu sein. Mystische Menschen können einander im allgemeinen sehr gut verstehen, selbst dann noch, wenn die Ausdrucksformen des anderen den eigenen widersprechen. Es besteht eine Affinität zwischen Parmenides, Plotin, Eckehart, Nikolaus von Kues und Johannes vom Kreuz, um nur einige zu nennen. Die gleiche Wahrheit leuchtet bei allen auf. Sie entzieht sich jedem Subjektivismus. Echte mystische Erfahrung predigt die Wahrheit, wenn auch in ganz verschiedener Form. Der mystische Mensch besteht auch schwerlich auf dem Wortlaut seiner Formulierungen. Worte können nur deuten, nicht enthüllen. Sie bringen im andern die gleiche Saite zum Schwingen und erzeugen den gleichen Ton. Er versteht, dass die gleiche Wahrheit angesprochen wird.

# AN STELLE EINES NACHWORTES

„Wenn du glaubst, der Weg des Gebetes, den ich dir in diesem Buch beschrieben habe, entspreche dir geistlich oder vom Temperament her nicht, dann lasse ihn. Suche dir dann voll Vertrauen und mit der Hilfe eines klugen Ratgebers einen anderen Weg. In diesem Fall wirst du mir nachsehen, was ich hier geschrieben habe. Ich habe wirklich nur meiner einfachen Kenntnis entsprechend von diesen Dingen geschrieben. Mein einziger Wunsch war, dir zu helfen. Vielleicht liest du es zwei- oder dreimal durch, denn je öfter du es liest, um so mehr wirst du es verstehen und in seinen Sinn eindringen. So verstehst du vielleicht die Sätze, die dir zunächst dunkel und schwer verständlich erscheinen, besser, wenn du sie nochmals liest."

„Oft kommt es vor, dass der Ruf zum kontemplativen Leben an Menschen aller Lebensbereiche ergeht, an Ordensleute wie an Laien. Doch sobald sie nach eingehender Prüfung und zuverlässigem Rat sich für den kontemplativen Weg entschieden haben, fallen ihre Freunde und ihre Familie in einem Sturm der Entrüstung und Ablehnung über sie her und werfen ihnen Müßiggang vor. Sie bringen alle möglichen Geschichten vor, wahre und unwahre, von anderen, die auch diesen Weg gegangen sind und mit denen es kein gutes Ende nahm. Sie wissen nichts Gutes zu berichten, auch von denen nicht, die durchgehalten haben."

(Kontemplative Meditation. Mainz 1974; Seite 138 und 74)

# LITERATURHINWEISE

## 1. Meister Eckehart

In diesem Buch wird Kontemplation vorwiegend an Aussagen Meister Eckeharts erläutert. Es geht dabei nicht darum, ob er rechtgläubig oder häretisch war, oder ob die angeführten Zitate wirklich alle von ihm stammen oder nicht. Ja, es steht nicht einmal zur Diskussion, ob Eckehart selbst Mystiker war oder nicht. Im Mittelpunkt steht vielmehr die Tatsache, dass sich der kontemplative Mensch in seinen authentischen oder ihm nur zugeschriebenen Predigten verstanden und artikuliert fühlt. Das christliche mystische Selbstverständnis des Kontemplativen wird in diesen Predigten wiedergegeben. Er ist Zeuge einer Erfahrung. Man darf daher auch nicht argumentieren, dass der Durchschnittschrist Eckehart gar nicht versteht, weil er dessen lateinische Werke nicht gelesen hat und auch die Scholastik nicht kennt. Wer in Eckeharts Schriften nur scholastische Lehrwiedergabe sehen kann, hat ihn nicht verstanden. Mit der neuplatonischen Ideenlehre lässt sich Eckehart so „verdünnen", dass er zum durchschnittlichen Theologen wird. Dann kann man Eckehart allerdings ad acta legen; die Predigten haben ihren Saft und ihre Kraft verloren. Es bleibt dann nur noch das Rätsel, warum Eckehart seine kühnsten „scholastischen" Aussagen nicht in seinen lateinischen Werken, in denen er sich als „Magister" zeigt, gemacht hat, sondern in seinen Predigten vor dem einfachen Volk, wo er als „Lebemeister" sprach. Warum so viel innere Glut für eine Idee?

Der Kern der mystischen Erfahrung ist die „eine Wesenheit mit Gott". Wer nicht dahin gelangt, ist nicht zum eigentlich Mystischen vorgedrungen. Dass sich Mystiker unter dem Druck kirchlicher Autorität oft gemäßigter ausgedrückt haben, ist kein Gegenbeweis. Man lese nur die Lebensbeschreibung von Teresa von Avila und Johannes vom Kreuz, um zu wissen, welche Angst sie vor der Inquisition ausgestanden haben. Bei all dem Gesagten darf man nicht übersehen, dass Eckehart auch ein schlicht gläubiger Mensch war, der einen personalen Gott verehrte und mit Herz und Gemüt zu ihm betete. Jede Mystik hat ihre religiöse Basis, von der sie aufsteigt, und diese Basis ist im allgemeinen theistisch. Das ist bei Eckehart nicht anders. Aber er erhebt sich von dieser Ebene zu einer Höhe, die jede Begrifflichkeit übersteigt. Wie alle Mystiker gelangt er zur Wesenseinheit mit dem Numinosen, zum Gipfel aller Religion. Dort konvergiert alle Mystik, gleich von welcher Basis sie sich erhebt. Es gilt heute wie damals, was Tauler vermutlich vor dominikanischen Mitbrüdern und Nonnen über Eckehart gesagt hat:

„…dahinein können die nicht kommen, die in ihrer natürlichen Vernunft aufgewachsen, in ihrer eigenen Sterblichkeit erzogen sind und ihren Sinnen gemäß gelebt haben, ganz gewiss nicht. So lehrt es und sagt euch hiervon ein liebenswerter Meister, aber das versteht ihr nicht. Er sprach aus dem Blickwinkel der Ewigkeit, ihr aber fasst es der Zeitlichkeit nach auf. Meine Lieben, habe ich euch nun zuviel gesagt, so ist es doch Gott nicht zuviel gewesen."

*Benutzte Übersetzungen:*

Franz Pfeiffer, Meister Eckehart, Predigten, Traktate. Aalen 1962
Josef Quint, Meister Eckehart: Deutsche Predigten und Traktate. München 1977

## 2. Die Wolke des Nichtwissens

Einzelheiten über den Verfasser und die Entstehung dieser Schrift können den genannten Ausgaben entnommen werden. In diesem Buch wurde die deutsche Übersetzung von Georga Willems zu Grunde gelegt, die ihrerseits die Übersetzung von William Johnston als Vorlage hat. Vgl. auch die Anmerkungen, die den Lesungen aus der Wolke im Anhang vorangestellt sind.

### Benutzte Übersetzungen:

Kontemplative Meditation. Die Wolke des Nichtwissens. Herausgegeben von Willi Massa; übersetzt von Georga Willems. Mainz 1974
The Cloud of Unknowing and the Book of Privy Counseling. Edited by William Johnston. New York 1973
The Cloud of Unknowing and other Works. Edited by Clifton Wolters. Harmondsworth 1978
Die Wolke des Nichtwissens. Übertragen und eingeleitet von Wolfgang Riehle. Einsiedeln 1980

## 3. Der Weg des Schweigens

Man nimmt an, dass diese Schrift vom gleichen Verfasser wie die WOLKE DES NICHTWISSENS stammt. Für dieses Buch wurde die Übersetzung von Georga Willems zu Grunde gelegt. Die englische Ausgabe, die der deutschen Übersetzung als Vorlage dient, hat William Johnston herausgegeben.

### Benützte Übersetzungen:

Der Weg des Schweigens. Herausgegeben von Willi Massa; übersetzt von Georga Willems. Kevelaer 1974
The Book of Privy Counseling. In: The Cloud of Unknowing. Edited by William Johnston. New York 1973
The Epistle of Privy Counsel. In: The Cloud of Unknowing and other Works. Edited by Clifton Wolters. Harmandsworth 1978

# ANMERKUNGEN

## I. DER WEG ÜBER KÖRPER UND ATEM

1 Kleine Philokalie. Ausgewählt und übersetzt von Matthias Dietz. Zürich 1976; Seite 159
2 Ibid., Seite 181
3 Ibid., Seite 148
4 Ibid., Seite 182
5 Ibid., Seite 180
6 Kontemplative Meditation. Mainz 1974
7 Der Weg des Schweigens. Kevelaer 1974
8 Kontemplative Meditation, op. cit., Kapitel 7, Seite 59
8a Pierre Jacquet, Umbrien. Starnberg 1966; Seite 74 und 76
9 Kontemplative Meditation, op. cit., Kapitel 7, Seite 60
10 Ibid., Kapitel 36, Seite 93
11 Ibid., Kapitel 8, Seite 62–63
12 Ibid., Kapitel 4 und 5, Seite 56
13 Johannes vom Kreuz, Empor den Karmelberg. Einsiedeln 1964; Buch II,16,6
14 Ibid., Buch II,12,1
15 Teresa von Avila, Die innere Burg. Zürich 1979; Seite 76
16 Augustine Baker, Die inneren Weisungen des Heiligen Geistes. Übertragen von Lilo Ebel; Freiburg 1955; Seite 49–50
17 Josef Quint, Meister Eckehart. München 1977; Seite 432–433
18 Ibid., Seite 180
19 Kontemplative Meditation, op. cit., Kapitel 6, Seite 58
20 Ibid., Kapitel 34, Seite 92

## II. WAHRNEHMUNG DES EIGENEN SEINS

1 Der Weg des Schweigens, op. cit., Seite 82 und 83
2 Ibid., Seite 77
3 Ibid., Seite 49
4 Ibid., Seite 58
5 Ibid., Seite 45
6 Ibid., Seite 38
7 Quint, op. cit., Seite 434
8 Teresa von Avila, op. cit., 4. Wohnung, 3. Kapitel, Seite 77
9 Ibid., 4. Wohnung, 1. Kapitel, Seite 63
10 Ibid., Seite 64
11 Der Weg des Schweigens, op. cit., Seite 34

# III. WAHRNEHMUNG GOTTES

1 Quint, op. cit., Seite 353
2 Der Weg des Schweigens, op. cit., Seite 77–79
3 Ibid., Seite 101
4 Kontemplative Meditation, op. cit., Kapitel 46, Seite 105
5 Der Weg des Schweigens, op. cit., Seite 51
6 Das „Selbst", wie es der Verfasser hier gebraucht, entspricht dem Ausdruck „nacktes Sein" in unseren Ausführungen.
7 Der Weg des Schweigens, op. cit., Seite 79–81
8 Kontemplative Meditation, op. cit., Kapitel 43, Seite 102
9 Ibid., Kapitel 68, Seite 132
10 Ibid., Seite 133
11 Quint, op. cit., Seite 146
12 Der Weg des Schweigens, op. cit., Seite 107–108
13 Quint, op. cit., Seite 148
14 Ibid., Seite 144
15 Johannes vom Kreuz., Empor den Karmelberg. Übertragen von Oda Schneider; Einsiedeln 1964; Seite 76
16 Quint, op. cit., Seite 213
17 Ibid., Seite 216
18 Ibid., Seite 309
19 Ibid., Seite 308
20 Ibid.. Seite 225
21 Ibid., Seite 205
22 Ibid., Seite 269
23 Ibid., Seite 383
24 1 Kor 14,27
25 Quint, op. cit., Seite 433
26 Ibid., Seite 329
27 Ibid., Seite 167
28 Ibid., Seite 145
29 Ibid., Seite 450
30 Karl Rahner, Christsein in der Kirche der Zukunft. Orientierung, 31. März 1980; Seite 66

# IV. PERSONALISIERUNG DER ERFAHRUNG

1 Wolfgang Riehle, Die Wolke des Nichtwissens. Einsiedeln 1980; Kapitel 71, Seite 150. – Vergleiche auch: Das Leben der heiligen Theresia, 17. Kapitel Nr. 5
2 Quint, op. cit., Seite 324
3 Ibid., Seite 307
4 Ibid., Seite 304

5 Herman Büttner, Meister Eckeharts Schriften und Predigten. Jena 1909; Band 2, Seite 212

6 Quint, op. cit., Seite 283

7 Ibid., Seite 286

8 Ibid., Seite 358

9 Ibid., Seite 159

10 Ibid., Seite 443

11 D. h. eine mystische Erfahrung hat.

12 Quint, op. cit., Seite 160

13 Ibid., Seite 161

14 Ibid., Seite 162

15 Ibid., Seite 163

16 Ibid., Seite 239

17 Ibid., Seite 239

18 Ibid., Seite 181

18a Tauler, Predigten. Einsiedeln 1979; Band l, Seite 207

19 Quint, op. cit., Seite 450

20 Ibid., Seite 60 und 61

21 Ibid., Seite 61

## V. WANDEL DER PERSÖNLICHKEIT

1 Riehle, op. cit., Kapitel 69, Seite 147

2 Büttner, op. cit., Seite 76

3 Quint, op. cit., Seite 291

4 Ibid., Seite 357

5 Ibid., Seite 358 und 359

6 Ibid., Seite 179

7 Ibid., Seite 60

8 Baker, op. cit., Seite 49-50

9 Meister Eckhart, Vom Wunder der Seele. Stuttgart 1979; Seite 23

10 Quint, op. cit., Seite 181

11 Ibid., Seite 186

## VI. GOTT, DER EINFALTIGE – GOTT, DER VIELFALTIGE

1 Quint, op. cit., Seite 60

2 Vgl. Knut Walf, Stille Fluchten – Vermutungen zum Exodus aus der Kirche. Orientierung, 28. Februar 1981; Seite 41–45

3 Franz Pfeiffer, Meister Eckhart. Aalen 1962; Seite 238

4 Ibid., Seite 239, 17

5 Ibid., Seite 239, 26–33

6 Ibid., Seite 240, 8–18

7 Ibid., Seite 240, 19–35

8  Ibid., Seite 23,8 und Seite 23, 17 ff.
9  Ibid., Seite 241, 17–37
10 Johannes vom Kreuz, op. cit., Band I, Seite 127
11 Büttner, op. cit., Band 2, Seite 187–188
12 Quint, op. cit., Seite 180
13 Karl Rahner, Christsein in der Kirche der Zukunft. Orientierung, 31. März 1980; Seite 67

## VII. ALLGEMEINE PERSPEKTIVEN

1  Quint, op. cit., Seite 287
2  Claudio Naranjo u. Robert Ornstein, Psychologie der Meditation. Frankfurt 1976
3  Knut Walf, Stille Fluchten – Vermutungen zum Exodus aus der Kirche. Orientierung, 28. Februar 1981
4  Fritjof Capra, Der kosmische Reigen. München 1977

# ANHANG: ALTE UND NEUERE TEXTE ZUM THEMA

## 1. BEISPIELE AUS DER CHRISTLICHEN MÖNCHSTRADITION

### Über das Atmen

*Die folgenden Zitate sollen nicht beschreiben, wie man atmen soll, es ist besser, sich an das zu halten, was im Kapitel über den Atem gesagt worden ist. Diese Beispiele sollen uns nur zeigen, dass auch in der christlichen Mönchstradition der Atem beim kontemplativen Beten eine Rolle gespielt hat. Die Beispiele sind aus der* PHILOKALIA, *einem Buch, das uns vom Gebetsleben der Mönche in der Ostkirche berichtet.*

Dir ist ja bekannt, Bruder, wie wir atmen: Wir atmen ein und aus. Ohne das ist Leben unmöglich. Wenn Du Dich also in Deiner Zelle niederlässt, sammle Deinen Geist, binde ihn an den Atem, durch den die Luft in Dich einströmt, zwinge ihn durch Dein Einatmen in Deine Mitte und lasse ihn dort. Lass ihn dort, aber nicht still und müßig, sondern mit folgendem Gebet: „Herr Jesus, Sohn Gottes, erbarme Dich meiner." Das soll ihn immer beschäftigen, nie soll er damit aufhören. (S. 192)

Ein Mensch, der das lernen möchte, sollte wissen, dass, wenn man den Geist daran gewöhnt hat, durch das Einatmen in die innere Mitte zu kommen, man auch praktisch gelernt hat, ihn in dem Augenblick, in dem er sich anschickt in die innere Mitte zu gelangen, von jeglichem Gedanken befreit zu haben, so dass er einfach wird und bloß, frei von allen Erinnerungen, außer jenem Ruf zum Herrn Jesus Christus. (S. 193)

Der hl. Johannes von der Leiter sagt: „Dein Denken an Jesus verbinde sich mit Deinem Atem, dann erst wirst Du den Sinn des Schweigens verstehen." Hesychius lehrt: „Möchtest Du wirklich Schweigen bewahren wie Du eigentlich solltest und ohne Anstrengung wachen Herzens sein, dann binde das Jesus-Gebet an Deinen Atem." (S. 194)

Um bei dieser Methode Erfolg zu haben, ist die Hilfe Gottes und das Anrufen unseres Herrn Jesus Christus am wichtigsten. Mit der natürlichen Methode, allein durch Atem und Aufsuchen eines ruhigen und nicht zu hellen Platzes, lässt sich die innere Sammlung nicht erzwingen. Die heiligen Väter ersannen diese Methode nur dazu, um die Gedanken zu sammeln, den Geist, der normalerweise zerstreut umherflattert, zu sich selbst zurückzubringen und seine Aufmerksamkeit zu konzentrieren. Wenn Du abends in Deine vom Dämmerlicht erfüllte Zelle kommst, dann setze Dich auf einen niedrigen Hocker, sammle Deinen Geist, der normalerweise umherschweift, und führe ihn durch Dein Atmen, das Du mit dem Gebet: „Herr Jesus, Sohn Gottes, erbarme Dich meiner" verbindest in Deine innere Mitte. Hesychius schon hat das gelehrt, indem er sagte: „Verbinde mit Deinem Atmen Ernst und den Namen Jesus und vergiss dabei nicht Deinen Tod und die Tugend der Demut, denn all das wird Dir großen Nutzen bringen." (S. 195)

*Über das Lassen der Gedanken und der Sinneswahrnehmung*

*Die folgenden Abschnitte sind von Evagrius Ponticus, einem Mönchsschreiber, der im 4. Jahrhundert gelebt hat. In seinen Aufzeichnungen* KAPITEL ÜBER DAS GEBET *hat er wichtige Hinweise gegeben, wie die Mönche das kontemplative Gebet pflegen sollen. Im Folgenden einige Abschnitte daraus:*

Wenn Du betest, dann stelle Dir die Gottheit nicht durch irgendein Bild vor, das Du in Dir selbst geformt hast. Hüte Dich auch davor, dass sich Dein Geist mit irgendeiner besonderen Form beschäftigt, sondern frei von aller Form, richte ihn auf das formlose Sein, denn nur so wirst Du Erkenntnis erlangen. (S. 66)

Du wirst nicht zum reinen Gebet kommen, wenn Du in Geschäften steckst, die sich mit materiellen Dingen befassen und Du daher unaufhörlich in der Sorge um sie beunruhigt bist. Denn wer betet, muss sich von den Gedanken befreien. (S. 70)

Wenn Du betest, dann kümmere Dich nicht um die Bedürfnisse Deines Leibes, sonst könntest Du wegen eines Flohbisses oder wegen einer Laus, einer Fliege oder einem Moskito jener unübertroffenen Gabe Schaden zufügen, die Du im Gebete erhältst. (S. 105)

Beim Beten darfst Du Dir auf keinen Fall ein Bild von irgend etwas machen, Du darfst Dir nichts vorstellen. (S. 114) Glücklich ist jener Geist, der während des Gebetes frei ist von allem Gegenständlichen, ja sich aller Gedanken entledigt hat. (S. 119)

Glücklich ist der Geist, der während des Gebetes vollständig frei ist von aller sinnenhaften Erfahrung. (S. 120)

Jenes Gebet ist noch nicht vollkommen, wenn der Mönch, der betet, weiß, dass er betet. (Cassian)

*Ein Text über das lange und andauernde Üben*

*Cassian war ein Mönch, der uns vom Gebetsleben der Eremiten und der Mönche in der Wüste berichtet hat. Von ihm stammen die sogenannten „Collationes", in denen er die Konferenzen des Abtes Isaak notiert hat. Er spricht hier von einem kurzen Gebet: „O Gott, komm mir zu Hilfe, Herr, eile mir zu helfen." Dieses Gebet, das ähnlich wie das Jesus-Gebet ständig gesprochen wurde, war eine der Gebetsformeln der alten Mönche. Entscheidend war und ist, dass man sie ständig wiederholte, gleichgültig was man tat oder wo man sich befand. Sie sollte so eingeübt werden, dass sie selbst im Schlaf weiterging. Cassian berichtet uns wie folgt davon:*

Das Gebet dieses Verses soll also mit unablässiger Stete gepflegt werden bei Widrigem, damit wir errettet werden, bei Günstigem, damit wir bewahrt werden und uns nicht überheben. Die Anwendung dieses Verses, sage ich, soll ununterbrochen in deinem Herzen erwogen werden. Lass nicht ab, ihn bei jeglichem Werk oder Dienst und auch auf dem Wege zu beten. Pflege ihn beim Schlafen und Essen und in der äußersten Notdurft des Leibes. Dieses Erwägen im Herzen wird dir wie eine heilsmächtige Formel sein und dich auch zu der unsagbaren und nur von wenigen erfahrenen Glut des Gebetes hinreißen. Wenn du diesen Vers im Innern pflegst, mag dich der Schlaf überkommen, wenn du nur am Ende, durch seine unaussprechliche Übung geformt, ihn auch im Schlafe zu beten gewöhnt bist. Er soll dir beim Gewecktwerden zuerst begegnen, beim Erwachen nehme er alle Gedanken vorweg. Bist du vom Lager aufgestanden, so mag er dich zur Kniebeugung geleiten und von da zu allem Werk und Tun. Er begleite dich zu jeder Zeit. Ihn sollst du im Innern pflegen nach dem Gebote des Gesetzgebers, magst du nun zu Hause sitzen oder auf dem Wege gehen, schlafen oder aufstehen. Ihn sollst du auf Schwelle und Tür deines Mundes schreiben. Ihn schreibe an die Wände deines Hauses und in das Innere deines Herzens, so dass, wenn du zum Gebete niederfällst, er dein Aufgesang sei, und stehst du sodann auf und begibst dich zu allen notwendigen Lebensbeschäftigungen, so werde er dir das aufrechte und stete Gebet. (Cassian, Collationes 10)

## 2. LESUNGEN AUS DER „WOLKE DES NICHTWISSENS"

*Die folgenden Texte sind der* Wolke des Nichtwissens *entnommen, dem Werk eines unbekannten englischen Theologen und Seelenführers aus dem 14. Jahrhundert. Der Autor wendet sich an einen jungen Mann, der sich „nach einem aktiven christlichen Leben zum kontemplativen Leben berufen fühlt" und gibt ihm kompetente Anleitung auf Grund eigener Erfahrung. Der deutschen Übersetzung liegt eine zeitgemäße englische Bearbeitung zu Grunde. Die einzelnen Abschnitte sind als Tageslesungen gedacht, die man auch isoliert und in anderer Reihenfolge in sich aufnehmen kann. Die Auswahl kann selbstverständlich nicht die vollständige Ausgabe der* Wolke *ersetzen. Wer sich für die Originalfassung interessiert, sei auf die Bibliographie am Ende dieses Bandes verwiesen.*

### WAS GOTT AM MEISTEN GEFÄLLT

Erhebe dein Herz in demütiger Regung der Liebe zu Gott. Ihn selbst mache dir zum Ziel und nicht das, was du von ihm bekommen kannst. Hüte dich davor, deine Gedanken an etwas anderes zu hängen als an Gott. Gott nur fülle dein Bewusstsein, auf ihn nur ziele dein Wille, auf nichts sonst außer ihn. Mühe dich mit aller Entschiedenheit darum, Gottes Geschöpfe und ihr Tun außer Acht zu lassen, damit nichts deinen Verstand beschäftige und auf nichts dein Verlangen ziele, weder im Allgemeinen noch im Besonderen. Lass sie einfach und beschäftige dich nicht mit ihnen. Denn genau das gefällt Gott an der Seele am meisten. Alle Engel und Heiligen jubeln darüber und helfen dir dabei mit all ihrer Macht. Der ganzen Menschheit wird es Nutzen bringen, und zwar mehr, als du jemals wissen wirst. Ja selbst die Qualen der Seelen im Fegfeuer werden kraft dieses Tuns nachlassen. Und dich selbst wird es läutern und tugendhaft machen wie sonst nichts.

Dieser Weg ist leichter als alle anderen, wenn die Macht der Gnade dir beisteht und die Kraft eines glutvollen und freudigen Verlangens dich erfüllt. Sonst ist er schwer, ja er übersteigt sogar deine Kräfte.

Mühe dich zunächst damit ab, bis sich dein Verlangen regt. Zu Beginn nämlich wirst du nichts als Dunkel vorfinden und gleichsam eine Wolke des Nichtwissens. Was es genau ist, kannst du nicht sagen. Du fühlst nur, dass sich in deinem Willen ein reines Sich-Sehnen nach Gott zu regen beginnt. Diese Wolke und dieses Dunkel bleibt zwischen dir und deinem Gott, ganz gleich, was du unternimmst, und hindert dich, ihn mit deinem Verstand klar zu erfassen und die Köstlichkeit seiner Liebe in deinem Herzen zu erfahren. Richte dich darauf ein, so lange in dieser Dunkelheit auszuharren, wie sie dauert, und rufe nach ihm, den du liebst. Solltest du ihn jemals fühlen oder sehen – soweit man das überhaupt in diesem Leben vermag – dann nur in dieser Wolke und in diesem Dunkel. Doch gehst du, wie ich dir nahelege, vollen Ernstes auf diesem Weg weiter, dann bin ich überzeugt, dass sein Erbarmen dir durchhelfen wird.

## AUS LIEBE ZU JESUS

Achte darauf, wie du deine Zeit verbringst. Es gibt nichts Kostbareres als die Zeit. Ein Augenblick nur kann dir den Himmel gewinnen oder verlieren. Die Zeit ist für den Menschen da, nicht der Mensch für die Zeit. Nun höre ich dich aber niedergeschlagen sagen: „Wie wird es mir bloß ergehen? Und, wenn es wahr ist, was du sagst, wie soll ich denn über jeden Augenblick meines Lebens Rechenschaft ablegen? Ich bin jetzt 24 Jahre alt und habe der Zeit noch nie Beachtung geschenkt. Hilf mir jetzt, so bitte ich dich, aus Liebe zu Jesus." Das „aus Liebe zu Jesus" ist gut gesagt. Denn in dieser Liebe zu Jesus wird dir Hilfe zuwachsen. Liebe also Jesus, und das, was sein ist, wird auch dein sein. Verbinde dich mit ihm durch Liebe und Glaube.

## Die Natur der Dunkelheit

Wenn ich von der Dunkelheit als Wolke spreche, darfst du dir darunter nicht eine Wolke aus Dunst vorstellen, die in der Luft dahinzieht, auch nicht irgendeine andere bekannte Art der Dunkelheit, wie die z. B., wenn bei dir zu Hause das Licht erloschen ist. Ein solches Dunkel und eine solche Wolke könntest du dir in deiner Phantasie vorstellen und sie auch am hellsten Sommertag noch vor deinem geistigen Auge haben. Genauso wie du dir selbst in der dunkelsten Winternacht noch ein helles strahlendes Licht vorstellen könntest. Solche Vorstellungen kannst du fallenlassen. Denn das meine ich nicht damit. Wenn ich das Wort „Dunkelheit" gebrauche, dann meine ich damit einen Mangel an Erkenntnis: Wie das, was du nicht kennst oder wieder vergessen hast, dunkel für dich ist, denn du siehst es nicht vor deinem geistigen Auge. Aus diesem Grunde nenne ich auch das Dunkel, das zwischen dir und Gott ist, auch nicht Wolke des Himmels, sondern Wolke des Nichtwissens.

## Nichts ausser Gott

Obwohl es manchmal nützlich ist, über die Eigenschaften und das Tun mancher der Geschöpfe Gottes nachzudenken, bringt das jenen, die sich auf dem kontemplativen Weg befinden, geringen oder eher gar keinen Nutzen. Warum? Weil das Sich-Erinnern an oder das Nachdenken über irgendein Geschöpf oder sein Tun eine Art Licht für deinen Geist ist. Das Auge deiner Seele ist dann so darauf gerichtet – ja von ihm gefesselt – wie des Schützen Auge auf sein Ziel, auf das er schießen will. Mit allem Nachdruck möchte ich dir sagen, dass alles, worüber du nachdenkst, sich in der Zeit, während du nachdenkst, über dir befindet und damit zwischen dir und deinem Gott. Sollte es außer Gott allein irgend etwas geben, worauf dein Bewusstsein gerichtet ist, so wird das den Abstand zwischen dir und Gott noch vergrößern.

## DAS BLOSSE SEIN GOTTES

Ich will nicht unangemessen sein oder gar unziemlich, wenn ich sage, dass es dir, wenn du diesen Weg gehst, wenig oder überhaupt nichts nützt, wenn du über die Güte Gottes nachdenkst, über die Jungfrau Maria, die Engel und Heiligen im Himmel oder über die Freuden des Himmels, solltest du darin Hilfe für deine Aufgabe suchen. Ich bin überzeugt, dass dir das auf keinen Fall helfen wird. Denn, obwohl es in sich gut ist, über die Güte Gottes nachzudenken und ihn deswegen zu lieben und zu loben, ist es doch bei weitem besser, sich auf sein bloßes Sein auszurichten und ihn um seinetwillen nur zu lieben und zu loben.

## DIE LIEBE IST EIN SCHARFER SPEER

Gott selbst lässt sich nicht durch Nachdenken erfassen. Man kann ihn lieben, ihn aber nicht denken, Liebe kann ihn begreifen und umfassen, nicht aber der Gedanke. Obwohl es gut ist, bisweilen auch über die Güte und Freundlichkeit Gottes nachzudenken, obwohl dich das weiterbringen kann, und auch nicht ganz unwichtig ist im kontemplativen Leben, rate ich dir trotzdem, solche Gedanken zu unterlassen, wenn du dich bei der kontemplativen Übung befindest, und sie mit der Wolke des Vergessens zu bedecken.
Sei nur mutig und froh und lasse sie hinter dir. Versuche nur mit einer innigen und starken Regung der Liebe das Dunkel über dir zu durchstoßen. Stoße mit dem scharfen Speer einer sich sehnenden Liebe in jene dichte Wolke des Nichtwissens und gib nicht auf, was immer auch kommen mag.

## SCHAUE IHNEN ÜBER DIE SCHULTER

Es gibt verschiedene Mittel und Techniken, die dir helfen können, dich von quälenden Gedanken und Erinnerungen zu befreien, wenn du sie sonst nicht los wirst. Wenn Gott sie dich lehrt und du in eigener Erfahrung sie ausprobierst, ist es natürlich besser, als wenn andere dich darin unterrichten. Trotzdem möchte ich dir so viel darüber sagen, wie ich für richtig halte. Versuch es damit und verbessere daran, wenn du willst. Verhalte dich einfach so, als ob du gar nicht merktest, dass sich Erinnerungen und Gedanken zwischen dich und Gott drängen. Versuche einfach, ihnen über die Schulter zu blicken in der Suche nach etwas anderem, nach Gott, der sich in der Wolke des Nichtwissens verbirgt. Tust du das, so wirst du in kurzer Zeit, so glaube ich, davon unbelästigt sein. Versteht man richtig, was ich hier vorgeschlagen habe, so ist es eigentlich, wie ich glaube, gar nichts anderes als eine Sehnsucht, Gott schon in diesem Leben zu erfahren und zu schauen, soweit es überhaupt möglich ist. Ein solches Verlangen ist Liebe, und sie wird deinen Weg leichter machen.

## LASS DICH EINFACH IN GOTTES HÄNDE FALLEN

Ich zeige dir noch eine andere Möglichkeit. Versuch es damit, wenn du willst. Wenn du dich vergeblich darum bemühst, deiner Gedanken Herr zu werden, dann gehe einfach vor ihnen in die Knie, wie einer, der im Kampf besiegt ist und aufgibt, weil er weiß, dass es nutzlos ist, weiter mit ihnen zu ringen. Wenn du dich so den Händen deiner Feinde auslieferst, unterwirfst du dich eigentlich Gott, und wenn du das tust, dann mit dem Bewusstsein, dass du dich ihm für immer überantwortest. Ich möchte dir raten, dich dieser Methode zu bedienen, denn ich glaube, wenn du sie anwendest, wird dein Problem verschwinden, so wie wenn es sich in Wasser aufgelöst hätte. Und ich bin dazu überzeugt, dass ein solches Verhalten, wenn man es richtig betrachtet, eigentlich nichts anderes ist als eine richtige Selbsteinschätzung, denn du erkennst und erfährst dich als erbarmungswürdig elend und weit weniger wert als nichts. Diese Erkenntnis ist Demut. Sie bewirkt Gottes Nähe, und er wird dich aus der Hand deiner Feinde befreien, dich liebevoll trösten, so wie ein Vater sein Kind vor wilden Ebern rettet oder vor den Zähnen blindwütiger Bären.

## BETRACHTUNG, DIE INS GEBET MÜNDET

Wer aber erst am Anfang des kontemplativen Weges steht, sollte wichtige Stufen nicht überspringen. Ich nenne sie Lesen, Betrachten und Beten. Eigentlich möchte ich nicht sehr darauf eingehen, denn andere haben besser darüber geschrieben, als ich es könnte. Ich möchte aber Folgendes dazu sagen: Übersieh nicht, dass ich sowohl für Anfänger als auch für Fortgeschrittene schreibe, nicht aber für die „Vollkommenen", wenn man einen Menschen in diesem Leben überhaupt so bezeichnen kann. Diese drei Stufen sind eng miteinander verbunden, denn Lesen steht am Anfang und bedingt die Betrachtung, Betrachtung aber führt zum Gebet. Natürlich gibt es auch das Zuhören, doch für mich gehört Zuhören und Lesen zur gleichen Kategorie. So liest zum Beispiel der Geistliche, und der Laie, der der Predigt des Geistlichen folgt, „liest" den Geistlichen. Hören und Lesen sind hier ein und dasselbe. Ohne Gottes Wort zu lesen oder zu hören, ist es für den Menschen, den die Sünde blind gemacht hat, unmöglich, den Schmutz auf seinem Gewissen wahrzunehmen. Erst wenn er ihn wahrgenommen hat, rennt er zur Quelle, um sich zu waschen. Ist der Flecken durch persönliche Sünde entstanden, so ist die Quelle, von der ich sprach, die Kirche und das Wasser, das Sakrament der Buße. Ist er aber nur eine verborgene Wurzel und Regung der Sünde, dann ist die Quelle der barmherzige Gott und das Wasser das Gebet.

## UNSER VERLANGEN GELTE GOTT ALLEIN

Verfahre auf gleiche Weise mit dem Worte „Gott". Lass die ganze Wirklichkeit, wofür dieses Wort steht, dich ausfüllen, ohne dass du dabei an irgendeines von Gottes Werken denkst, seien sie materieller oder geistiger Art, selbst wenn sie noch so gut sind. Mach dir dabei auch keine Gedanken über irgendeine der Tugenden, die durch Gottes Wirken in der Seele entstehen, sei es Demut oder Liebe, Geduld oder Fasten, Hoffnung oder Glaube, Enthaltsamkeit oder die Liebe zu freiwilliger Armut. Was bringt das dem Kontemplativen, der alles, was gut ist und tugendhaft, in Gott erfährt? Solche Menschen wissen, dass, wenn sie Gott haben, sie alles besitzen, was gut ist, und deswegen erstreben sie außer dem Gut Gott nichts im Besonderen. Auch du solltest dich so verhalten, wenn du das mit Gottes Hilfe vermagst. Habe nur Gott im Auge, ihn ganz allein, so dass außer Gott nichts in deinem Bewusstsein und deinem Herzen sei.

## Dein Tun kenne kein Mass

Wenn du mich fragst, ob der kontemplative Weg Selbstbeschränkung erfordere, sage ich nein, überhaupt nicht. Folge dem rechten Maß bei allem anderen, was du tust, beim Essen, Trinken und Schlafen, im Aushalten von Hitze und Kälte, beim Lesen oder langen Gebet und im Umgang mit deinen Mitchristen. Achte bei diesen Tätigkeiten auf ein gesundes Mittelmaß. Doch der kontemplative Weg kennt keine Beschränkung. Gebe Gott, dass du niemals davon abläss, solange du lebst. Ich sage natürlich nicht, dass du immer mit gleicher Frische und Kraft bei dieser Übung bist. Manchmal werden Krankheit und andere Störungen oder auch Bedürfnisse der Natur dich bei dieser Übung behindern. Was ich hier meine, ist, dass du auf diesem Weg der Kontemplation immer bleiben solltest, entweder tatsächlich oder wenigstens in deiner Absicht. Oder, um es anders auszudrücken, indem du tatsächlich übst oder dich wenigstens nach der Übung sehnst. Sei aber aus Liebe zu Gott auf der Hut vor Krankheit, damit du, soweit möglich, sie nicht zu verantworten hast. Denn, und das sage ich dir allen Ernstes, dieser

Weg der Kontemplation setzt eine ruhige und stille Verfassung voraus, einen heilen Leib und einen klaren Geist. Achte auf dich also Gott zuliebe und bleibe so gesund wie möglich. Solltest du aber trotzdem krank werden, dann warte voll Demut und Geduld auf Gottes Hilfe. Mehr brauchst du dann nicht, denn es ist wahr, wenn ich dir sage, dass Geduld in Krankheit und anderen Heimsuchungen Gott meist mehr gefällt, als irgendwelche beglückenden Gefühle der Hingabe in gesunden Tagen.

## VERMEIDE SKRUPELHAFTES VERHALTEN

Fragst du mich nun nach dem rechten Maß beim Essen und Trinken und anderen so gearteten Dingen, gebe ich dir die kurze Antwort: Nimm, was man dir anbietet. Lege dir aber keine Beschränkung auf in der Übung der kontemplativen Liebe, und du wirst dann schon wissen, wie du dich in anderen Dingen zu verhalten hast. Ich kann mir nicht vorstellen, dass jemand, der diesen inneren Weg geht, in solchen alltäglichen Dingen nicht das rechte Maß findet. Kommt das aber trotzdem vor, dann glaube ich, gehört er zu jener Art von Menschen, die es nie recht machen. Gebe ich mich aber allen Ernstes dieser inneren Übung hin, dann gehören Essen und Trinken, Schlafen und Reden zu jener Kategorie von Dingen, die man mit Indifferenz betrachtet. Verhalte dich also so, und lerne auf diese Weise das rechte Maß und nicht dadurch, dass du den Dingen eine ihnen nicht gebührende Beachtung schenkst oder gar über Erfolge oder Versagen Buch führst. So jedenfalls könnte ich mich nicht verhalten. Wer immer sich auf diesen Weg der Kontemplation macht, sollte wissen, dass der Ausdruck „erheben" und ähnliches nicht im wörtlichen Sinne verstanden sein will. Versteht man unter Himmel etwas Geistiges, dann sind Ausdrücke wie „oben" oder „unten" belanglos. Wer sich also in geistiger Weise zum Himmel hin ausrichtet, braucht seinen Geist weder nach oben noch nach unten zu bemühen.

Achte darauf, dass außer Gott nichts deinen Verstand und Willen beschäftige. Mühe dich darum, dich von allem Wissen und Gefühl, die mit Gott nichts zu tun haben, zu befreien und stoße sie unter die Wolke des Vergessens. Du musst begreifen lernen, dass du bei dieser Übung der kontemplativen Liebe dich nicht nur nicht mit keinem der Geschöpfe beschäftigen darfst, mitsamt allem, was sie betrifft, sondern auch nicht mit dir selbst, ja nicht einmal mit dem, was du getan hast, um Gott zu gefallen. Denn der, der wahrhaft liebt, liebt nicht nur den Gegenstand seiner Liebe mehr als sich selbst, sondern in gewissem Sinne wird er sogar sich selber geringschätzen um dessentwillen, den er liebt. So musst du dich also verhalten, dass du alles, was deinen Verstand und Willen beschäftigt, verabscheust, wenn es nicht Gott selbst ist. Denn mag es sein, was es will, es wird sich zwischen dich und deinen Gott drängen. Tust du, was ich dir anrate, und hast du alle Geschöpfe, und was sie betrifft, vergessen, ja selbst sogar all das, was dich betrifft, dann erfährst du, dass es in dir, zwischen dir und deinem Gott nichts mehr gibt als nur das bloße Wissen und Gewahrsein deines eigenen Seins. Und sogar selbst das noch musst du überwinden, willst du in vollkommener Weise tun, was dieser Weg von dir verlangt.

## Eine Warnung

Hüte dich aber bei dieser Übung der kontemplativen Liebe, dass deine Gefühle nicht die Oberhand gewinnen und dass du deine Kräfte nicht überspannst. Sei froh und eifrig bei dieser Übung und versuche nichts zu erzwingen. Je froher du den Weg der Kontemplation gehst und je lieber du ihn gewinnst, desto echter und geistiger wird das sein, was du tust. Je ungestümer du aber dich verhältst, um so materieller und grober wird dann das, worum es dir geht. Nimm dich also in Acht, denn wer ohne Gespür, ja frech zum Gipfel des kontemplativen Gebetes vorstellen will, der wird gleichsam mit Steinen vertrieben werden. Und Steine sind harte und solide Dinge, die Schmerzen und Verletzungen verursachen. Lass also das Grobe und Ungestüme und lerne vielmehr, mit Leib und Seele zwar eifrig in der Liebe zu sein, doch ganz sachte und bescheiden dich zu verhalten. Ergib dich geduldig und demütig dem, was Gott will, und versuche nicht, es gierig an dich zu reißen, wie wenn du ein ausgehungerter Jagdhund wärst. Lass es mich etwas scherzhaft ausdrücken: Tue, was du kannst, das heftige und ungestüme Verlangen deines Herzens zu zügeln, indem du gewissermaßen selbst vor Gott verborgen hältst, wie sehr du ihn sehen, fühlen und festhalten möchtest. Vielleicht erscheint dir das kindisch und leicht hingesagt, doch glaube mir, wenn einer mit Gottes Hilfe sich so verhält, wie ich meine, dann wird er sich bald im beglückenden Spiel mit Gott befinden, der ihn küsst, herzt und umarmt wie ein Vater sein Kind, und wollen, dass es niemals aufhört.

### Das Körperliche ist dem Geistigen untergeordnet

Nichts von alledem, was ich sagte, hat den Zweck, dich etwa vom mündlichen Gebet abzuhalten, wenn dich danach verlangen sollte. Und solltest du selbst im Überschwang der Liebe mit Gott wie mit einem Menschen sprechen wollen in Worten wie: „Guter Jesus" oder „Liebenswerter Jesus" und ähnliches, so sollst du das ruhig tun. Gott verhüte, dass du mich falsch verstehst. So meinte ich es nicht, denn es geht mir nicht darum, Leib und Seele zu trennen, die Gott verbunden hat.
Doch das Physische ist dem Geistigen untergeordnet und nicht umgekehrt. Wer sich auf dem Wege der Kontemplation befindet, kann tatsächlich wahrnehmen, dass der Leib dem Geist unterworfen ist. Wenn er sich nämlich der Übung der Kontemplation hingibt, wird er plötzlich feststellen, ohne zu wissen, wie das geschah, dass sein Leib, der aus Bequemlichkeit in läs-

siger Haltung war, auf Grund der Übung sich aufgerichtet hat.
So reagiert der Leib physisch auf die geistige Übung. Und das
ist richtig so.

## LEIB UND SEELE SIND IN DIESE ÜBUNG EINBEZOGEN

Wer immer, ob Mann oder Frau, in diese kontemplative Übung
hineinwächst, wird bald feststellen, wie sie sich auf Leib und
Seele auswirkt und wie ein solcher Mensch immer attraktiver
für andere wird, die ihm begegnen. Ja, wenn selbst der am
wenigsten attraktive Mensch, Mann oder Frau, durch Gnade
diesen kontemplativen Weg begänne, würde sich sein Erschei-
nungsbild in kurzer Zeit derart ändern, dass gute Menschen,
die ihm begegnen, voll Freude danach strebten in seiner Nähe
zu sein, und sie würden sich in seiner Gegenwart durch Gottes
Gnade aufgemuntert und gestärkt fühlen. Wenn du also dieser
Gabe durch Gnade teilhaftig werden kannst, so nimm sie an,
denn wer immer sie wirklich hat, wird wissen, wie er sich selbst
und den Dingen gegenüber zu verhalten hat.

## ÜBER DEN GEBRAUCH VON WORTEN

Bist du beim kontemplativen Gebet, dann beschäftige dich mit
keinen Gedanken, weder guten noch bösen, sondern sei ganz
da im gegenwärtigen Augenblick.
Bete auch nicht laut, es sei denn, dass dich danach verlangt.
Falls du Worte gebrauchst, sei es unwichtig für dich, ob es nun
viele oder wenige sind, und denke auch nicht darüber nach,
was sie bedeuten. Das gilt für das Lobpreis- und Bittgebet, für
Hymne oder Psalm oder jede andere Gebetsform allgemeiner
oder besonderer Art. Es gilt aber auch dann, wenn du die Worte
mit deinen Lippen aussprichst oder sie in Gedanken nur for-
mulierst.

Dein Bewusstsein fülle nichts außer ein bloßes Verlangen, das auf Gott gerichtet ist. Dich beschäftige nur, dass Gott ist, wie er ist. Sein Wesen, wie er in sich ist oder wie er sich in seinen Werken offenbart, beschäftige dich nicht. Suche nicht auf dem Verstandeswege nach Gott, sondern lass ihn einfach sein, wie er ist. Diese bloße Absicht, die du ganz frei im Glauben verwurzeln und verankern musst, wird für deinen Verstand und deine Gefühle nichts anderes mehr übriglassen als eine von allem freie Vorstellung und ein blindes Gewahrsein deines eigenen Seins. Was ich meine, ist mit folgendem Gebet vergleichbar. Was ich bin, Herr, biete ich dir an. Ich erwäge keine deiner Eigenschaften, sondern nur, dass du bist, wie du bist, nur das, sonst nichts.

## GOTT IST EINFACH GOTT, UND DU BIST DU

Bei dieser Übung entspreche deinem Denken über Gott, dein Denken über dich und deinem Denken über dich, das über Gott: Gott ist einfach, und du bist einfach.
Eine solche Vereinfachung des Denkens bedeutet, dass dein Bewusstsein weder zerstreut ist, noch von Gott getrennt, sondern mit ihm, der alles ist, verbunden bleibt. Der Unterschied aber zwischen dir und ihm bleibt immer bestehen, dass er nämlich dein Sein ist, du aber nicht das seine. So blicke denn voll Freude auf zu ihm und sage in Worten oder einfach durch dein Verlangen: „Was ich bin, Herr, ist dein, denn du bist, was du bist." Du aber denke an weiter nichts, außer voll Innigkeit und Ernst daran, dass du einfach bist, wie du bist, ohne auch nur eine Spur weiterer Überlegungen.

## DAS TOR ZUR ERKENNTNIS

Jener Mensch ist glücklich zu preisen, der das blinde *Gewahr-sein seines eigenen Seins* Gott darbringt und so sein Innerstes mit liebendem geistigem Erkennen füllt, das so köstlich ist, dass es bei weitem angeborenes oder erworbenes Wissen über-trifft. Es ist eine Weisheit, dunkel zwar und formlos, die aber nichts gemein hat mit dem, was Vernunft und Vorstellung her-vorbringt. Die Anstrengungen und Mühen der natürlichen Fähigkeiten würden nie ihresgleichen hervorbringen. Was sie nämlich schaffen, und mag es noch so erhaben und scharfsinnig sein, ist im Vergleich zu ihr Leere und Trug. Diese einfache Übung aber verträgt sich mit deinen Alltagspflichten. Denn selbst wenn du deine Aufmerksamkeit auf das blinde *Gewahr-sein deines nackten Seins* gerichtet hast, das mit Gottes Sein verbunden ist, wirst du deinen täglichen Lebensgewohnheiten nachgehen können und essen, trinken, schlafen, wachen, gehen, kommen, sprechen, hören, dich niederlegen und aufstehen, ste-hen, knien, laufen, reiten, arbeiten und ruhen.


## DAS ERKENNEN GOTTES

Obwohl ich dir sagte, alles zu vergessen außer dem blinden Gewahrsein deines nackten Seins, hatte ich von Anfang an die Absicht, dich zu dem Punkt zu führen, wo du auch dieses noch vergisst, um schließlich nur noch das Sein Gottes zu erfahren. Diese letzte Erfahrung hatte ich im Auge, als ich dir sagte: Gott ist dein Sein. Damals jedoch glaubte ich, dass es verfrüht sei für dich, ohne Übergang zu so tiefem geistigen Bewusstsein von Gottes Sein zu kommen. Deshalb riet ich dir, dich zunächst mit dem blinden Gewahrsein deines bloßen Seins zu beschäftigen, bis dir durch ausdauerndes geistiges Üben dieser innere Weg leichter fällt. Ich wusste, dass dich das dafür bereiten würde, durch Erfahrung zur Erkenntnis von Gottes Sein zu kommen. Bei dieser Übung darf letztlich nur ein Verlangen dich beseelen, die immerwährende Sehnsucht nämlich, außer Gott nichts zu erfahren. Zwar riet ich dir anfangs, dein Wahrnehmen Gottes mit dem Wahrnehmen deines Selbstes zuzudecken und zu umhüllen, doch tat ich das nur, weil du auf geistlichem Gebiete noch zu unerfahren warst. Ich erwartete aber, dass du – solltest du ausdauernd üben – zunehmend geläutert würdest, bis du schließlich einzig darauf ausgerichtet bist, dein Bewusstsein zu entblößen, zu berauben und völlig von allem zu entkleiden, sogar vom elementaren Gewahrsein deines eigenen Seins und so Gott für dich neu erfahrbar würde, so wie er in sich selbst ist.

## EIN HEILVERBAND FÜR DEIN KRANKES SELBST

Nimm einfach den guten gnädigen Gott so, wie er ist, und lege ihn als Heilverband um dein krankes Selbst, so wie du bist. Oder, um es anders auszudrücken, beginne bei deinem kranken Selbst und strecke dich einfach, so wie du bist, in Sehnsucht nach dem guten gnädigen Gott aus, um ihn zu berühren. Wissen wir doch aus der Heiligen Schrift, dass, wer Gott berührt, für immer gesundet. „Wenn ich nur den Saum seines Gewandes berühre, werde ich gesund", sagte sich die Frau, die zu ihm kam. Um wieviel mehr wirst du von der Krankheit deiner Seele genesen, wenn du auf so vollkommene Weise mit deiner Liebe Gott selbst berührst. Mache dich also unverzüglich daran und nimm dieses unfehlbare Heilmittel. Einfach, so wie du bist, halte dieses dein krankes Selbst Gott hin so, wie er ist, denn er ist gut und gnädig. Tue das einfach, ohne über dich nachzusinnen und ohne Spekulationen über Gott anzustellen. Vergiss Begriffe wie Rein und Unrein, Geistig und Körperlich, Göttlich und Menschlich. Wichtig ist jetzt für dich, ohne begriffliches Denken eifrig in Sehnsucht und Liebe sich mit Gott zu beschäftigen. Auf diese Weise kommt es gnadenhaft zur geistlichen Vereinigung mit Gott selbst so, wie er ist.

## Die Veranlagung für diese Übung der Kontemplation ist nicht bei jedem gleich

Es gibt Menschen, die den kontemplativen Weg für so schwierig und abschreckend halten, dass sie glauben, nicht ohne große Mühe und Ausdauer erreichen zu können, was er verspricht. Und selbst dann, so meinen sie, erfahren sie es nur selten und wenn, dann nur in Augenblicken der Ekstase. Solchen Menschen möchte ich so gut wie nur möglich antworten und sagen, dass all das vom Willen Gottes abhängt, der nach seinem Gutdünken und entsprechend der Befähigung des Menschen seine Gnade für diesen kontemplativen Weg gibt, ja überhaupt für das geistliche Leben. Manche werden erst nach langer und mühevoller geistlicher Mühe auf diesem kontemplativen Weg weiterkommen. Für sie ist es selten, wenn sie Vollkommenheit in dieser Übung erreichen, und wenn, dann nur durch Gottes besondere Gnade. Doch es gibt auch Menschen, die der Geist und die Gnade so bereitet haben und die durch die kontemplative Übung so mit Gott verbunden sind, dass sie, wann immer sie wollen und selbst in den allergewöhnlichsten Tätigkeiten des tägliches Lebens wie Sitzen, Gehen, Stehen oder Knien, zur tiefsten Erfahrung kommen. Aber selbst dann behalten sie Kontrolle über ihre normalen Fähigkeiten und können sie gebrauchen, wie sie wollen, natürlich nicht ganz ohne Schwierigkeiten, aber doch ohne große Mühe.

## Nicht für alle ist dieser Weg

Glaubst du aber, dass du physisch, von deiner spirituellen Veranlagung und von deinem Temperament her, für diesen Weg nicht geeignet bist, dann gehe einen anderen. Wenn du eine gute Führung hast, ist das gefahrlos und du brauchst dich deswegen nicht schuldig zu fühlen. Sollte das eintreten, bitte ich dich, mich zu entschuldigen. Ich wollte dir ja nur entsprechend meiner begrenzten Fähigkeiten helfen. Lies vielleicht, was ich geschrieben habe, zwei- oder dreimal durch; je öfter du es liest, um so besser und tiefer wirst du es verstehen. Und Sätze, die dir vielleicht anfangs etwas dunkel erschienen, wirst du dann in ihrer Bedeutung verstehen. Ist aber ein Mensch für diesen Weg geeignet, spürt er, so glaube ich, wenn er darüber liest oder spricht, darüber hört oder vorgelesen bekommt, dass ihn das anzieht. Wenn du also glaubst, dass du dafür geeignet bist, dann danke Gott von ganzem Herzen und bete für mich aus Liebe zu Gott. Und wenn es in dem, was ich geschrieben habe, etwas gibt, das du genauer erklärt oder etwas ausführlicher behandelt haben möchtest, dann lass mich das wissen, und ich werde mir Mühe geben, es so gut, wie ich nur kann, zu ergänzen.

## Das Aussetzen der Gefühle

Ich behaupte natürlich nicht, dass, wer sich auf diesen Weg macht, immer diese Regung der Liebe verspüren wird. So ist es nämlich nicht.

Der Anfänger im kontemplativen Leben wird oft feststellen müssen, dass ihm der Rückhalt dieser Gefühle entzogen wird, und dafür gibt es Gründe. Ein Grund dafür, dass das diese Art des Gebetes begleitende Gefühl dem Anfänger entzogen wird, ist, dass er sich nicht einbilde, es sei unter seiner Kontrolle und er könne es erzeugen, wann immer er wolle. Der Stolz, der die Wurzel solcher Gedanken ist, ist der Grund, warum Gott solche angenehmen Gefühle nicht immer zulässt. Ich spreche natürlich nicht vom tatsächlichen, sondern vom verborgenen Stolz, der aber dann zutage getreten wäre, wenn die Gefühle geblieben wären. Unerfahrene junge Menschen meinen deshalb oft, dass Gott ihnen übel wolle, wo er doch gerade darin sich als ihr bester Freund erweist.

## EIN WAHRES UND SICHERES ZEICHEN

Manchmal ist auch Nachlässigkeit der Grund dafür, dass die angenehmen Gefühle bei denen aussetzen, die auf dem Weg der Kontemplation sind. Tritt das ein, dann leiden solche Menschen unter bitterem und schwerem Schmerz. Gott kann auch den Menschen ganz gezielt eine Zeitlang auf die früher empfundenen angenehmen Gefühle warten lassen, denn ihr längeres Unterbleiben wird sie, wenn sie wieder einsetzen, noch intensiver machen, und noch höher werden sie dann geschätzt. Eines der deutlichsten und am leichtesten erkennbaren Zeichen dafür, dass man sich auf diesen kontemplativen Weg berufen glauben darf, ist, wenn man nach längerer Trockenheit plötzlich wieder dieses unverdiente Gnadengeschenk zurückerhält und feststellt, dass der Eifer gewachsen, die Liebe noch größer und das Verlangen nach dieser kontemplativen Übung noch stärker geworden ist. Das Glück über diese neue Erfrischung ist oft größer als der vordem empfundene Schmerz über ihren Verlust.

## DAS VERLANGEN NACH HEILIGEM WÄCHST, WENN SEINE ERFÜLLUNG SICH VERZÖGERT

Gottes Barmherzigkeit interessiert nicht, was für ein Mensch du bist oder gewesen bist, sondern was für einer du sein willst. Der hl. Gregor sagt uns, dass jedes heilige Verlangen an Kraft gewinnt, wenn seine Erfüllung auf sich warten lässt. Wird es aber schwächer und verschwindet schließlich, wenn man warten muss, dann war es nie heilig. Denn wenn jemand am Neuen, das er entdeckt, oder am unerwarteten Auftauchen seines alten Verlangens immer weniger Freude findet, war es niemals heilig, selbst wenn er in sich ein natürliches Zum-Guten-Hingezogensein verspürte. Der hl. Augustinus sagt: Das Leben des Christen ist nichts anderes als ein einziges heiliges Verlangen.

Lebe wohl, geistiger Freund, mit Gottes und mit meinem Segen. Den allmächtigen Gott bitte ich, dass wahrer Friede immer mit dir sei, du immer gut beraten seiest, und dass du in Gott geistlichen Trost und reiche Gnade finden mögest, du zusammen mit allen, die Gott lieben. Amen.

## 3. Neuere Texte

### Gott wohnt in einem Licht

*Angelus Silesius, eigentlich Johann Scheffler, war ein schlesischer Mystiker und Dichter des 17. Jahrhunderts. Von ihm stammen u.a. so bekannte Kirchenlieder wie „Ich will dich lieben, meine Stärke" und „Mir nach, spricht Christus, unser Held nur". Die folgenden Verse eignen sich gut zum Nachbeten. Sie werden sich dem Beter nach und nach erschließen, wenn er den Weg der Kontemplation geht.*

Gott wohnt in einem Licht, zu dem die Bahn gebricht.
Wer es nicht selber wird, der sieht ihn ewig nicht.

Wenn ich in Gott vergeh, so komm ich wieder hin,
Wo ich in Ewigkeit vor mir gewesen bin.

Du reisest vielerlei zu sehn und auszuspähn.
Hast du nicht Gott erblickt, so hast du nichts gesehn.

O Wesen, dem nichts gleicht! Gott ist ganz außer mir,
Und innen mir auch ganz, ganz dort und auch ganz hier.

Die Gottheit ist ein Brunn, aus ihr kommt alles her,
Und läuft auch wieder hin. Drum ist sie auch ein Meer.

Die Ros' ist ohn' Warum, sie blühet, weil sie blüht.
Sie acht' nicht ihrer selbst, fragt nicht, ob man sie sieht.

Mensch, werde wesentlich; denn wenn die Welt vergeht,
So fällt der Zufall weg. Das Wesen, das besteht.

Die Schrift ist Schrift, sonst nichts. Mein Trost ist Wesenheit,
Und dass Gott in mir spricht das Wort der Ewigkeit.

Das überlichte Licht schaut man in diesem Leben
Nicht besser, als wann man ins Dunkle sich begeben.

Der Punkt der Seligkeit besteht in *dem* allein:
Dass man muss wesentlich aus Gott geboren sein.

Wie töricht tut der Mann, der aus der Pfütze trinkt
Und die Fontäne lässt, die ihm im Haus entspringt.

Wer hätte das vermeint: Aus Finsternis kommt Licht,
Das Leben aus dem Tod, das Etwas aus dem Nichts.

Das edelste Gebet ist, wenn der Beter sich
In das, vor dem er kniet, verwandelt inniglich.

Das liebste Werk, das Gott so inniglich liegt an,
ist, dass er seinen Sohn in dir gebären kann.

Wird Christus tausendmal zu Bethlehem geborn
Und nicht in dir, du bleibst noch ewiglich verlorn.

Ich selbst bin Ewigkeit, wann ich die Zeit verlasse
Und mich in Gott und Gott in mich zusammenfasse.

Zeit ist wie Ewigkeit und Ewigkeit wie Zeit,
So du nur selber nicht machst einen Unterscheid.

Ach, zweifle nicht; sei nur aus Gott gebor'n.
So bist du ewiglich zum Leben auserkor'n.

Freund, so du etwas bist, so bleib doch ja nicht stehn,
Man muss aus einem Licht fort in das andre gehn.

Das Tröpflein wird das Meer, wenn es ins Meer gekommen,
Die Seele Gott, wenn sie in Gott ist aufgenommen.

Halt' an, wo läufst du hin? Der Himmel ist in dir.
Suchst du Gott anderswo, du fehlst ihn für und für.

Der Regen fällt nicht ihm, die Sonne scheint nicht ihr.
Auch du bist anderen geschaffen und nicht nur dir.

Ach ja, wär' ich im Du und Du im Ich ein Ein.
So möchte tausendmal der Himmel Himmel sein.

Ich bin Gotts ander ER; in mir find't er allein,
Was ihm in Ewigkeit wird gleich und ähnlich sein.

Die Menschen plappern viel. Wer geistlich weiß zu beten,
Der kann mit A und O getrost vor Gott hin treten.

Meinst du, o armer Mensch, dass deines Munds Geschrei
Der rechte Lobgesang der stillen Gottheit sei?

Willst du den neuen Mensch' und seinen Namen kennen,
So frage Gott zuvor, wie er pflegt sich zu nennen.

Wer in dem Nächsten nichts als Gott und Christum sieht,
Der siehet mit dem Licht, das aus der Gottheit blüht.

Gleich wie die Einheit ist in einer jeden Zahl,
So ist auch Gott, der Ein', in Dingen überall.

Gott ist von Anbeginn der Bildner aller Dinge
Und auch ihr Muster selbst; drum ist ja keins geringe.

Mensch, nichts ist unvollkomm'n, der Kies gleicht dem Rubin.
Der Frosch ist ja so schön wie Engel Seraphim.

Wer seine Sinne hat ins Innere gebracht,
Der hört, was man nicht red't, und siehet in der Nacht.

Eh' als ich noch war, da war ich Gott in Gott;
Drum kann ich's wieder sein, wenn ich nur mir bin tot.

Wer mir Vollkommenheit, wie Gott hat, ab will sprechen,
Der müsste mich zuvor von seinem Weinstock brechen.

Ein wahrer armer Mensch steht ganz auf nichts gericht't.
Gibt Gott ihm gleich sich selbst, ich weiß, er nimmt ihn nicht.

Im Eins ist alles Eins; kehrt Zwei zurück hinein,
So ist es wesentlich mit ihm ein ein'ges Ein.

Gott sind die Werke gleich: der Heil'ge, wann er trinkt,
Gefallet ihm so wohl, als wenn er bet't und singt.

Gott tut im Heil'gen selbst all's, was der Heil'ge tut,
Gott geht, steht, liegt, schläft, wacht, isst, trinkt, hat guten Mut.


AUS DEN TAGEBUCHBLÄTTERN VON DAG HAMMARSKJÖLD

*Dag Hasmmarskjöld war von 1953 bis 1961 Generalsekretär
der UNO. Er war ein Politiker, der mitten in den Auseinander-
setzungen der Völker stand. Trotz seines engagierten äußeren
Lebens war er ein tiefer Mystiker.*

# DER AUGENBLICK

Bald naht die Nacht. – Also noch ein Jahr. Und wenn dieser Tag der letzte wäre: „Wie können wir jemals Verkürzte oder Betrogene sein: Wir mit jeglichem Lohn längst Überbelohnten ..." (Eckehart). Uns trägt das laufende Band der Tage unerbittlich vorwärts. Dabei das Erlösende: Es gibt kein Darüber hinaus. Alles kann ich mit den prüfenden Fingern des Wählenden betasten, alles – nur nicht dies: Dass Tage und Jahre zusammenschmelzen zu einem einzigen Augenblick – zu einem Augenblick vor dem Tod, in jedem seiner Teile vom Licht des Todes erhellt, zu messen mit dem Maß des Todes.
Bald naht die Nacht.
Lass mich vollbringen, was ich beginnen durfte.
Lass mich alles geben, auch ohne die Gewissheit zu wachsen.
Der Stolz des Bechers ist sein Getränk, seine Demut das Dienen.
Was bedeuten da seine Mängel?
Alle Kraft des Körpers in der Hand am Ruder,
die Sinne ganz gesammelt auf das Ziel hinter dem Horizont,
fängst du lachend salzbespritzte Sekunden der Ruhe
vor einer neuen Woge –
teilend des Augenblicks glückliche Freiheit mit dem,
der seine Verantwortung teilt.
So – in der Sammlung Selbstauslöschung – erschließt sich der Lebensnähe gesunde Vollendung,
geteiltes, zeitloses Glück,
durch eine Handbewegung,
durch ein Lächeln vermittelt.
Dank den Menschen, die mich dies lehrten. Dank den Tagen, die mich dies lehrten.
– So sah ich, dass es die Mauer nie gegeben hatte, dass das „Unerhörte" hier und dieses ist, nicht ein anderes,
dass „Opfer" hier und jetzt, immer und überall ist – dass dieses „surrendered-sein" das ist, was Gott von sich, in mir, sich gibt.

# DU, DER IST AUCH IN UNS

Du, der Du uns frei geschaffen hast, der Du alles siehst,
was geschieht – und dennoch des Sieges gewiss bist,
Du, der Du jetzt unter uns der bist, der die äußerste Einsamkeit leidet,
Du – der Du auch ich bist,
dürfte ich Deine Bürde tragen, wenn meine Stunde kommt,
dürfte ich –
Du, der über uns ist,
Du, der einer von uns ist,
Du, der ist –
auch in uns;
dass alle Dich sehen – auch in mir,
dass ich den Weg bereite für Dich,
dass ich danke für alles, was mir widerfuhr.
Dass ich dabei nicht vergesse der anderen Not.
Behalte mich in Deiner Liebe,
so wie Du willst, dass andere bleiben in der meinen.
Möchte sich alles in diesem meinem Wesen zu Deiner Ehre
wenden,
und möchte ich nie verzweifeln.
Denn ich bin unter Deiner Hand,
und alle Kraft und Güte sind in Dir.
Gib mir einen reinen Sinn – dass ich Dich erblicke,
einen demütigen Sinn – dass ich Dich höre,
einen liebenden Sinn – dass ich Dir diene,
einen gläubigen Sinn – dass ich in Dir bleibe.

## RAIMUNDO PANIKKAR:
### DAS HIER IM GEGENSATZ ZUM JENSEITS

Tut man etwas, nur um dafür im Himmel belohnt zu werden,
so mag man zwar diesen Lohn bekommen, doch eine kontemplative Haltung ist das nicht – d. h. ein liebendes Tun, dessen

ganzer Sinn im Tun selbst liegt, ohne sich dabei Gedanken über Vollkommenheit oder Lohn zu machen. Wenn Kontemplative essen, so sagen uns die Meister, dann essen sie, und wenn sie beten, beten sie. Sie handeln „sunder warumbe", ohne warum, wie Eckehart sagen würde. Der Kontemplative kann sich unter einem Leben nach dem Tode nichts vorstellen, so als ob das jetzt erfahrbare Leben nicht Leben, das Leben, die Sache selbst wäre! Den meisten Traditionen gemäß erfährt der Kontemplative die Wirklichkeit, Gott, Himmel, Erleuchtung, Wahrheit, das Sein oder das Nichts schon hier auf dieser Welt allein im Akt, den er vollzieht, und in der Situation, in die er gerät. Kontemplatives Leben, so sagen uns die Mystiker, ist bereits ein himmlischer Zustand, es ist schon das Leben, das ohne Ende ist. Trifft das aber für jemand nicht zu und bleiben ihm noch Wünsche offen, dann hat er die Stufe der Kontemplation noch nicht erreicht. „Philippus, wer mich gesehen, hat auch den Vater gesehen", sagt das Evangelium. „Es macht nichts, wenn ich auch zur Hölle muss; dies ist der Himmel, du bist der Himmel, hier ist der Himmel", singen die muslemischen Mystiker.

Kontemplation kümmert sich nicht um das Morgen, noch darum, wie der Himmel zu erobern ist. Deshalb streitet sich der Kontemplative auch nicht um die rechte Lehre. Der Mystiker akzeptiert die vorhandenen Lehren, verwechselt sie aber nicht mit dem Glauben. Lehren sind Krücken für ihn oder bestenfalls Kanäle oder Brillen, haben aber nichts mit Gehen, Wasser oder Sehen zu tun, was diese traditionellen Metaphern ja mitbeinhalten. Dogma ist Hypothese und nicht Schau (Theorie). Cusanus lehrte bekanntlich, dass „das Wahre nur in sich selbst wahrnehmbar sei". Eine Bejahung, die nicht auf sich selbst beruht, kann letztlich nicht wahr sein. Der Kontemplative weiß, dass der ihm versprochene Himmel nicht Grund seiner Liebe zu Gott sein kann.

Ich möchte eine weitere Beschreibung des kontemplativen Gebetes geben und mich dabei auf einen Lehrer des Gebets aus dem 20. Jahrhundert beziehen, auf John Chapman, der vor 40 Jahren Abt von Downside war. Er schreibt: „Die Zeit dieser Art von Gebet ist ganz ausgefüllt mit nichts anderem, als einfach Gott zu wollen. Das scheint zunächst ein ganz und gar törichtes Verhalten zu sein, ja, die größte Zeitvergeudung, bis dieses Tun sich langsam mit Leben zu füllen beginnt. Das Merkwürdigste dabei ist, dass wir uns nach einer gewissen Zeit zu fragen beginnen, ob wir überhaupt etwas beabsichtigen, uns überhaupt an jemanden wenden, oder ob wir rein mechanisch nur eine Formel wiederholen, die für uns völlig leer geworden ist. Das Wort ‚Gott' scheint bedeutungslos geworden. Wenn wir uns in diesem merkwürdigen und paradoxen Zustand befinden, dann sind wir auf dem rechten Weg. Wir müssen uns allerdings vor dem Versuch hüten, darüber nachzudenken, was Gott ist und was er für uns getan hat usw., denn genau das hält uns aus dieser Art von Gebet heraus und macht Gottes Wirken vergeblich." Es ist das bewusste Nachdenken, das die intuitive Kontemplation verhindert. Ungewollte Gedanken, die sich immer wieder von selbst einstellen und die gewissermaßen als Hintergrund zur Kontemplation ablaufen, schaden nicht. Aber es ist unsere Aufgabe, sie einfach zu ignorieren, soweit das möglich ist, und dabei kann uns, wie bereits empfohlen, ein immer wieder wiederholtes Wort helfen. Der Abt stellt ausdrücklich fest, dass die Person, die beim Gebet alles bewusste Nachdenken unterlässt, außerhalb des Gebets aber sich mit den Dingen Gottes beschäftigen sollte. Denn er soll nicht nur seine Intuition zu heiligen versuchen, sondern auch sein rationales Denken, seine Vorstellungskraft und seinen gesunden Menschenverstand. Diesen anderen Fähigkeiten kann er sich durch Lesen, Schreiben oder Sprechen zuwenden, denn dadurch werden sie benutzt und natürlich auch durch praktisches Tun im Dienst an anderen Menschen.

Die Berichte wurden von Kursteilnehmern und Kursteilnehmerinnen geschrieben, die den kontemplativen Weg unter Anleitung gegangen sind. Manchen wurde sehr bald eine tiefe Erfahrung geschenkt. Andere mussten jahrelang „sitzen". Unter „Sitzen" wird in allen Ausführungen die ruhige Körperhaltung in einem Meditationssitz verstanden. Alle Schreiber und Schreiberinnen haben an Kursen teilgenommen, in denen täglich bis zu acht Stunden „gesessen" wird.

Die Erfahrungsberichte unterscheiden sich sehr voneinander, entsprechend der Individualität der Schreibenden. Eine mystische Erfahrung als solche zu erkennen, ist für einen, der auf dem Weg ist, nicht immer leicht. Der Betroffene weiß oft selbst nicht, wo er steht. Man muss sich von der Vorstellung trennen, dass dem Menschen, wenn er die letzte Wirklichkeit berührt, immer sofort das Wort „Gott" einfällt. Dieses Wort, das ihm so geläufig ist, erweist sich oft als zu abgegriffen für das, was ihm widerfährt. Es ergeht ihm zunächst wie Mose vor dem Dornbusch. Er ist betroffen und zieht die Schuhe aus. Dann erst fragt er: „Wer bist Du?" (Vgl. EB III).

Echte Mystik äußert sich oft in unverständlicher, ja verrückt anmutender Sprache und Handlung. Wenn es im Bericht II, 1 heißt: „Ein Mann hob mit Schwung eine Hacke. Ich wollte ihm zurufen: ‚Ja, genau das ist es!' ", dann erkennt wohl nur einer, der selbst durch eine Erfahrung gegangen ist, die ungeheure Tragweite dieser scheinbar „nichtssagenden" Worte. Für einen anderen wirken sie im besten Falle komisch.

Mystische Erfahrung kann zutiefst in einer Geste, ja sogar im Verharren in der Stille und im Schweigen ausgedrückt werden. Der die Frage stellende Meister versteht die Antwort. Daneben gibt es die poetische, aber auch die profane Sprache der Mystik. Das Hohelied des Alten Testaments ist ein Beispiel. Es ist ursprünglich ein säkulares Liebeslied. Aber viele Mystiker haben gefühlt, dass es ihre tiefste Erfahrung ausdrückt; darum hat es allen Versuchen, es aus dem Kanon zu entfernen, widerstanden.

Die Eucharistie spielt im Leben der Christen eine entscheidende Rolle. Wohl bei jedem Menschen, der auf dem kontemplativen Weg fortschreitet, wandelt sich das Eucharistieverständnis (Vgl. EB IV, 7). Das Moment der Einheit der Schöpfung bricht mit Macht durch. „Das ist mein Leib." Die Tragweite dieses Wortes überschüttet den Menschen. Der Schöpfungsleib Gottes wird erfahren. Die ganze Schöpfung ist Leib Gottes. „Pignus futurae gloriae", dichtete Thomas von Aquin, „Unterpfand der kommenden Herrlichkeit". So wie dieses Brot Gottes transparent ist, wird es einmal die ganze Schöpfung sein. Die Erfahrung kennt kein Später und kein Früher und daher auch keine Eschatologie im üblichen Sinn. Sie kennt nur das Jetzt, das Ewigkeit ist. Die Aussagen des Erfahrungsberichtes IV, 7 bedeuten nicht eine Herabwürdigung der Eucharistie. Im Gegenteil, alles wird auf die Höhe des eucharistischen Brotes gehoben. Alles ist heilig. Alles ist Gottes voll, auch das Brot auf dem Frühstückstisch, der Mitmensch und die Berge und Flüsse. Alles ist das eine Leben.

Die meisten Veröffentlichungen unserer Zeit, die sich mit Meditation befassen, sind mit musikwissenschaftlichen Arbeiten zu vergleichen, die alte Partituren zu entziffern versuchen. Man weiß eine Menge über Kompositionen und Komponisten, über Resonanz und Dissonanz, hat aber nie ein Konzert besucht. Man weiß nicht, wie eine solche Partitur, die ja geschriebene Musik ist, wirklich klingt. In den Erfahrungsberichten aber treffen wir Menschen, die über Erlebtes schreiben. Die Erfahrung dringt durch Begriffe und Worte zum Wesen der Dinge vor. Die Berichte passen daher nicht unbedingt in das begriffliche Schema, das in Bezug auf Mystik geläufig ist.

# ERFAHRUNGSBERICHT I

## EB I,1

Mehrmals am Tag geschieht es, als würden die Berge, Wälder, Wiesen und alles, das ich sehe, dem ich begegne, mir plötzlich in einer ganz neuen Weise geschenkt, als sänke alles in die Unendlichkeit hinab und erstünde aus diesem neu als eine differenzierte Ausfaltung des einen ewigen und unveränderlichen Seins. Und in solchen Augenblicken ist alles wie von einem unsichtbaren Glanz durchstrahlt und erhellt.

## EB I,2

Bei der heutigen Eucharistiefeier geschah es dann, dass ich während des Einsetzugsberichtes und des gesamten übrigen Teils der hl. Messe eigentlich gar nicht mehr ich war. Es war, als gäbe es mich gar nicht, – und dennoch konnte ich alle Gebete mitsprechen; ich betete sie, und doch war es, als betete nicht ich sie, sondern sie entsprangen der Leere, sie wurden aus ihr für mich gebetet.

## EB I,3

In jedem Augenblick des Jetzt ist Ewigkeit. Immer klarer darf ich das erkennen – und es macht mein Leben leicht und beseligend, denn alles, was ich tue, was ich erlebe, – auch wenn es anstrengend oder wenig erfreulich ist – ist gleichzeitig schon gewandelt zur Vollendung. Und obwohl ich in der Zeit lebe, handle und wirke, existiert mein Ich eigentlich gar nicht, sondern ist auch „zur Ewigkeit geworden".

EB I,4

In bildloser Weise ruht Er in mir. Ich bin ganz unwissend; es ist ein Teilhabendürfen an seinem göttlichen Geheimnis.


## ERFAHRUNGSBERICHT II


EB II,1

Worte führen vom Wesentlichen weg. Wie kann ich die letzten Tage wenigstens andeutungsweise sichtbar werden lassen? Während einer Meditationssitzung: eine kindliche Heiterkeit, auch beim Kaffeetrinken. Bei einem eiligen Spaziergang: eine stille Freude, die sich immer mehr ausbreitete. Alles begrüßte mich immer freudiger, bis endlich alles jubelte: „Heimgekommen!" – die Blumen, das Laub, der Weg, der glitzernde Teich, der Schlamm, die Telegraphenmasten. Ein Mann in der Ferne hob mit Schwung eine Hacke. Ich wollte ihm zurufen: „Ja, genau das ist es!" Ich sah in den Himmel, in die Sonne und musste lachen. Aus der Tiefe quoll es, und alles lachte, war ein großes, gewaltiges Lachen.


EB II,2

Am Abend im Klostergarten: Die dunkle Luft quoll über von Leben. Ich berührte den Ast eines Baumes. Tiefe gegenseitige Dankbarkeit. Ich blickte um mich. Als Wasser strömte ich aus dem Brunnen, als Licht aus dem Fenster. Das Weltall atmete in mir.

EB II,3

Am nächsten Tag: „Erfüllt sind Himmel und Erde von Deiner Herrlichkeit!" Wie wahr! Wie zutiefst wahr! Und das: Kindschaft! Ich bin total Kind, bin neu geboren und bin schon immer. Wenn ein Wort in mir wesenhaft strömt, dann ist es: Vater. Noch mehr Worte machen? Vielleicht noch dieses: In dieser Verbundenheit ist jede Geste, alles Tun Gebet, ein „geheiligt werde Dein Name".


EB II,4

Beim Frühstück stieg in mir ein großes Lachen hoch. Nur mit Mühe konnte ich es bändigen. Alles strömt in den letzten Tagen aus einer Fülle, die sich nicht beschreiben lässt. Und diese Fülle ist in mir, ist alles, was mich umgibt, ist eins. Alles rollt so selbstverständlich aus sich selber. Und dann dieses Einssein mit den Menschen, wenn wir auch vom Äußeren gesehen wenig gemeinsam haben. „Alles fließt." Alles strömt aus einer und in einer unglaublichen Fülle.


EB II,5

Am Bahnhof angekommen, lernte ich ein junges Mädchen kennen. Sie war blind, mit verwachsenen Händen und Füßen. Wir gingen gemeinsam Kaffee trinken und kauften dann ein. Sie wie auch ein Kind, das letzthin vor mir zur Kommunion ging und unter unkontrollierbaren Zuckungen litt, sind ganze, vollkommene Menschen. Ich will dies nicht weiter ausdeuten.

# ERFAHRUNGSBERICHT III

## EB III,1

Ich war ein ausgeflippter junger Mann, der durch einen schweren Verkehrsunfall ordentlich verunsichert war in Bezug auf Leben und Lebenssinn, mit Ketten und Ohrringen behangen und rot gefärbtem Haar.

## EB III,2

An jenem Abend, ich weiß weder Tag noch Monat genau, war ich zusammen mit meiner Schwester und meinem Freund. Nach stundenlangem Philosophieren und Diskutieren hatte ich auf einmal das Bewusstsein: Jetzt bin ich in dem Raum, wo die Gedanken ihren Ursprung haben. Und dann brach Es herein. Hier stoße ich auf die Grenzen der Sprache. Nenne ich es Licht, das strahlt wie der Klang einer silbernen Glocke, es trifft es nicht. Es, das sich aus sich heraus verschenkt, verstrahlt – aus allem, auch aus dem seit zwei Tagen nicht entleerten Aschenbecher, aus dem Dreck am Boden und der Wand – überall. Kein Unterschied mehr zwischen Außen und Innen, zwischen dem, was um mich herum geschah, und mir. Wie lange? Keine Ahnung! Eine Minute – eine Ewigkeit – es ist dasselbe.

## EB III,3

Was mir jetzt noch auffällt: Ich bin kerzengerade gesessen. Was ich zu jener Zeit nie tat, sonst wäre es mir früher aufgefallen. Ich hatte damals keine Ahnung von der Bedeutung eines aufrechten Rückgrates.

EB III,4

Nach dem Erlebnis nahm ich als erstes meine Ohrringe, Armreife und Ketten ab; ich brauchte sie nicht mehr. Ich wollte ich selber sein. Dann das Bewusstsein, das alles erschütterte: Gott war hier, hat sich mir gezeigt, geoffenbart.


## ERFAHRUNGSBERICHT IV

EB IV,1

Er ist nicht zu begreifen, nicht in Bildern, nicht in Begriffen. Und ich will es gar nicht versuchen, Ihn zu erfassen. Aber immer neu werden die Vor-Stellungen durchsichtig auf Ihn hin Gleichnisse. Er ist hinter und in den schwingenden Saiten all Seiner Instrumente. Und alle Instrumente sind eins. Ein einziger Resonanzkörper sind wir in Ihm. Er hat die Saiten aufeinander abgestimmt, dass sie in Harmonie miteinander tönen, Ihn bezeugend.


EB IV,2

„Ich bin das Licht der Welt …" – „Ihr seid das Licht der Welt …" Wenn ich ganz durchtränkt, durchflutet bin von Ihm, dann gehören beide Aussagen vom Licht zusammen. „Kostet und seht, wie gut der Herr ist …" – Welch eine Einladung: Gott schmecken, Gott genießen, verkosten! Und was kostet uns dieser Genuss, um welchen Preis lässt sich Gott schmecken? Es ist wie bei jeder Kostprobe: Ich muss mich erst leer machen von hindernden Geschmacksstoffen. So wie der Weinprüfer seinen Mund vorher mit Wasser ausspült. Ich muss mich einstellen auf dieses Verkosten, unvoreingenommen, nicht auf einen von mir festgelegten Geschmack warten.

## EB IV,3

„Das ist mein Leib." – „... Und so prüfe sich der Mensch ..., da er den Leib des Herrn nicht unterscheidet." Unterscheiden wovon? Ist nicht alles Christusleib? Es ist doch ein Leib, ein Gegenwärtigsein. Was geschieht bei der Wandlung? Verwandlung von Materie in etwas, das sie schon immer war? Eine neue Form des Seins? Oder aber die Vergegenwärtigung, das Bewusstmachen der Wirklichkeit, der Wahrheit, der schon realen Gegenwart Gottes? Die Hostie: „der Leib Christi." Amen. Ich sage es mit ganzem „Ja". Aber auch der Bruder, die „normale" Scheibe Brot: „der Leib Christi." Amen.

## EB IV,4

Ich sitze einfach und lasse Gott – durch mich – sich selbst anschauen in mir.

## EB IV,5

Gebet ist Selbstgespräch: Gottes Selbstgespräch.

## EB IV,6

Er hat meine Augen, meine Ohren, meine Poren verwandelt. Die Dunkelheit ist voller Wärme geworden, das Schweigen zärtlich, das „Ja" alles umgreifend. Wind und Wasser, das Gras, der Käfer, der Mensch, alles ist Sein schweigend sprechendes Gesicht. Alles ist „Ja", alles ist „Amen".

EB IV,7

Versenkung ist wahr nehmen und wahrnehmen, dass Vordergrund und Hintergrund nicht getrennt sind im Sein. Dass vielmehr der Vordergrund im Hintergrund liegt und der Hintergrund sich in der Weise des Vordergrundes aussagt.


EB IV,8

Wandlung: Fortsetzung der Menschwerdung Gottes – „Das ist mein Fleisch, das ist mein Blut" – Er will Gestalt annehmen in uns. Er will Seine Menschwerdung fortsetzen. Kommunion: Es ist, als gäbe es keine Schwerkraft mehr.


EB IV,9

Das Leitwort „Ja" hat sich zum „A" reduziert. Das „A" ist bildlos, gestaltlos – und ist doch alles. Es ist lautlos – und ist doch Fülle des Aussagbaren. Seit langem versuche ich, ein persönliches Gebet mit Wörtern zu bilden. Es gelingt einfach nicht. Es ist wie Klopfen an Türen, die es gar nicht gibt.


EB IV,10

Wo ich Ihm auch immer begegne, wie und in wem ich Ihm begegne, – es ist eine Begegnung ohne Gegenüber. Nachfolge Christi: die Einheit dar-leben.


EB IV,11

Die Lampe des Meditationsraumes wirft meinen Schatten vor mich auf den Boden. Der Schatten selbst ist dunkel, die Umrisse des Schattens strahlen. Das Ganze vor mir auf dem Boden ist kein von mir abgegrenztes Gegenüber. Der Schatten und ich sind eins. Wäre der Schatten nicht, wäre auch ich nicht. Wäre ich nicht, wäre auch Gott nicht. Die Wahrheit ist einfach.

## EB IV,12

„Es" betet ohne Gefühl, ohne Vorstellung, ohne Wissen. Dieser mein konkreter Leib ist eine Pore am Leib Gottes.

## EB IV,13

Man kann Sakramente definieren und von Nichtsakramenten unterscheiden. Das ganze Denkgebäude der Theologen ist für mich zusammengefallen. Jeder Gedanke, jedes Wort, jedes Tun ist Sakrament, jedes Ereignis, jedes Nicht-Ereignis ist Sakrament. Alles ist göttliches Leben, offenbar gemacht durch Jesus Christus. Wer kann jemandem ein Sakrament spenden? Alle haben den Auftrag, sich gegenseitig als Sakrament für den anderen wirksam werden zu lassen.

## EB IV,14

Die einen sagen: Gott ist personal. Die andern sagen: Gott ist apersonal. Warum streiten? Haben sie nicht beide Recht?

# ERFAHRUNGSBERICHT V

## EB V,1

Ich war die dritte Woche auf einem intensiven Kontemplations-
kurs. Eigentlich war alles nur noch Übung. Wie jeden Tag ging
ich allein im angrenzenden Wald spazieren. Ich ging aufmerksam, ohne viele Gedanken. Plötzlich kam es mit großer Gewalt
über mich. Ich war ein Bekannter, und der Bekannte war ich.
Ich war jeder Baum, und jeder Baum war ich. Jeder Stein, jedes
Gras, jede Blume, der Himmel, alles war ich, und ich war alles.
Und alles war Licht. Ich war erfüllt von unendlicher Liebe. Ich
war Liebe und verströmte sie.

## EB V,2

Diese Erfahrung war nicht sanft, sondern eine Überwältigung,
gefolgt von starken Herzschmerzen. Diese hielten auch weiter
an, wie überhaupt Freude wie Schmerz noch einige Monate an
der Grenze des für mich Erträglichen blieben. Als dieser augen-
blickliche Zustand vorbei war, und Liebe, Friede und Schmerz
blieben, da war ich gewandelt. Augen und Ohren, Tast-, Ge-
ruchs- und Geschmackssinn erlebten eine Veränderung ihrer
bisherigen Wahrnehmungskapazität. Ich erfuhr einen nahezu
schwerelosen Zustand. Nichts war mehr so wie es vorher war:
Menschen, Dinge, Natur strahlten Unendlichkeit, Licht und
Leben.

## EB V,3

Einige Wochen konnte ich keine Nacht schlafen, nahm jedes
Geräusch im Haus wahr. Und doch war jede Nacht wie eine
halbe Stunde, wenn überhaupt. Tag und Nacht war eins. Beten

war Dasein. Ich fühlte mich wie ein offenes Gefäß ohne Boden und ohne Wände. Nur Liebe war da: zu allem Leben hin und mit allem Leben verbunden – in gleicher Weise.

## EB V,4

Nicht nur in meinem „Herzen" war Liebe, auch wenn mir das Herz organisch noch mehr weh tat als der übrige Körper; nicht nur in meinem Kopf, den ich am liebsten an die Wand geschlagen hätte, weil der Verstand das einfach nicht begreifen und in Worte fassen konnte; mein ganzer Körper war Liebe, und ich habe mich so bis in die Finger- und Zehenspitzen hinein schmerzlich und glücklich erfahren. Das, was vorher Ich war, das war für eine Zeit nicht mehr.

## EB V,5

Ich habe viele Äußerungen von Liebe in meinem Leben erfahren dürfen. Trotzdem hat diese Erfahrung jede vorausgegangene sowie nachfolgende Erfahrung von Liebe überstiegen. Ich wusste in dem Augenblick, was Liebe ist. Es war nicht die Erfahrung eines Teilaspektes von Liebe in besonderem Maße, wie die Liebe zwischen Mann und Frau, zwischen Mutter und Kind, Nächsten- oder Feindesliebe, Naturliebe, obwohl auch jeder einzelne Aspekt für sich ganz da war, sondern es war die Liebe, die alle einzelnen Aspekte einschließt und doch alle zusammengenommen übersteigt. Meine Dankbarkeit war grenzenlos, dass ich leben darf, um dies zu erfahren.